免開錢的
歐洲交換食宿日記

文字・攝影・插畫｜王韵心、黃詩婷

帶著 傻膽 就出發！

想成為宇宙酷妹的黃賽，有導演夢，打算去搜集故事；想成為地表甜心的老王，有插畫家夢，準備去搜集畫面。二十三歲的夏天，搶在求職前就先棄業，帶著老媽眼中要拿來做嫁妝的所有積蓄，訂下前往歐洲的單程機票，還沒準備好就搖旗吶喊著出發了！

大學畢業之前，很多人會問大學畢業之後要幹嘛？升學？我連體育課都可以連當三次，完全不列入考慮。找工作？有哪種工作是一想到心裡就會熱熱的呢？被工作捏得爛爛的也無所謂？工作後的生活，是不是要跟很多現實妥協？有沒有哪種生活方式，即使妥協也心甘情願？每天每一個腳步，都因為是自己選擇的而感到充實快樂？

記得小時候蹲在書店看旅遊書，或上課的時候藏在抽屜看，我反射性地回答：「會去旅行一陣子吧。」還順口反問大家：「要不要一起去？」

老王是唯一把這句話當真的人，隔天就帶著日記要和我好好規畫旅行，在神經細胞還沒把「後悔」送進大腦之前，我們已經買下飛往歐洲最便宜的單程機票。老王還硬擠進我宿舍的小床，說要好好適應同床共枕的日子，調整彼此的差異。明明和老王半生不熟，只知道彼此是系上的怪女，卻瞬間有今後要和這個人結婚的錯覺。

我們還為彼此父母舉辦相親大會。雙方父母互瞅客套比尷尬，我們倒是大張旗鼓地宣布：「我們沒有要遊學交換，也沒有要賺錢打工，就是要用最少的預算出門玩一年，沒有任何偉大的計畫。」

兩位媽媽內心多少都知道，女兒平時看似散漫，卻能在最後一秒發揮以奇妙姿態準備好的爆發力；兩位媽媽也知道，無論怎麼利誘勸導，只會增加我們旅行的決心。即使內心閃著紅燈，到嘴邊的話也默默吞下去。

黃賽媽欲言又止，最後釋然地說：「你那些壓歲錢存款，都是未來要給你當嫁妝的，這樣一次花完你就什麼都沒有了……」

老王媽則體恤恤地跟老王講：「還好是去歐洲不是去非洲，媽媽這樣擔心比較少。」

在飛機上，我們看著浮在藍天白雲上的銀色月亮發呆，想著有沒有一種東西，即使一直往西繞地球一圈，回到原點，或是活到八十歲變成老人，都可以不改變？說不定一路上，旅人，會告訴我們。

Contents

目錄

PART **3**
西南歐
NO! 荷包不要走

PART 4

北歐
國家地理頻道 3D 版

PART 5

巴爾幹半島
解放靈魂與肉體

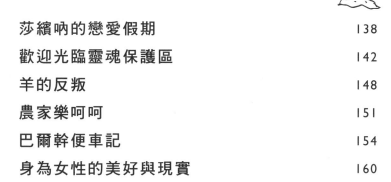

PART 6

土耳其
姊要來打破體制

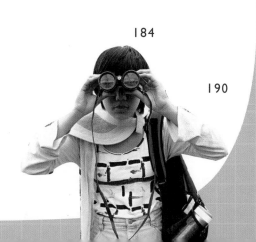

PART **1**

荒謬工具箱
歐洲**免費**玩全**攻略**

窮遊新法寶！

　　旅行前，我們常常約見面討論行程，雖然都在想一些搜集不同地方的氣味、跟著不同職業的人生活一天、搜集老奶奶的祖傳食譜、旅行遇到瓶頸的時候就去剃光頭（後來真的有剃半邊）等天真爛漫的想法，但一步一步，我們愈來愈清楚知道自己旅行的目的為何。我們都想要看別人過生活，想要頻繁地遇見人。猶如生活游擊隊的打工換宿、沙發衝浪以及旅行中途開始的搭便車，都非常符合我們的理想旅行方式。

且聽、且看、且走，全靠傻膽闖天下

　　我們出發前只規畫了前三個月的行程，大致上是一個國家一個月，打工換宿兩個禮拜、遊玩兩個禮拜，之後就放牛吃草。

　　之所以能平安度過旅程，沒有半路失蹤，除了靠兩顆傻膽，我們也非常喜歡聽當地人的意見，一有困難或疑惑，就不斷找人問，大家都很願意回答。好比冬天我們不知道要去哪兒避冬？原本想去南方比較溫暖，沒想到沙發衝浪或打工換宿的主人都說不要去南方，因為陰雨綿綿，有些地方還沒有暖氣，倒不如去房子蓋得厚實又有暖氣的北方，還可以看看雪。再加上網路搜尋資料，就這樣且戰且走地完成了旅行的藍圖。

　　做完整的事前規畫雖然比較保險，但保留旅行的彈性、開放的想像以及躍躍欲試的心，或許能得到更多意想不到的收穫。

　　旅行的每一天都令人期待，期待對未知的冒險，但高變數相對而言承載的風險也愈大，壓力並不一定比一般密集的旅遊行程來得小。相反的，要像獵人一樣膽大心細，期許自己像一隻打不死的蟑螂，順應各種環境，處處皆能自得其樂。

　　所謂無知者無畏，帶著不太靠譜的人生觀，勇敢向前行吧！

老王，你準備好了嗎？要出發囉。

等等，我好像忘記帶護照。

幫忙借宿家庭蓋亭子。

錢打哪兒來？

1. 從小存的壓歲錢，加上省吃儉用存下來的生活費。
2. 打工賺的錢。
3. 參加比賽贏得的獎金（科幻小小說、畫彩蛋等）。
4. 賣二手衣（出發前老王努力出清她衣櫃裡的怪奇二手衣）。
5. 阿公的遺產（黃賽阿公送給孫子們的禮物）。

　　當時我們才剛從學校畢業，身無長物，全靠以上方法籌措旅費。不過生財之道很多，大家多發揮想像力，再荒謬的計畫都有可能成真。

　　除了事前籌措之外，旅行途中該如何帶錢？放在身上很容易一不小心就對狼走啊（在西班牙的切身之痛）！我們把錢存在開通國際提款功能的戶頭裡，這樣只要攜帶提款卡，身上就不用揣很多錢，切記找跨國手續費低廉的。還有，另外準備一張海外刷卡免手續費的信用卡，記得要開網路刷卡認證喔。

什麼是打工換宿？

打工換宿就是「來去住你家鬥幫忙」的世界版。寄居各國家庭，一天工作 3 ～ 6 小時，以交換三餐和寄宿免費，工作以外的時間都是自己的，想要幹嘛就幹嘛。雖是無酬交換體驗，但更能深入當地人生活，一窺他們教育孩子的方式、生活的態度、一家人的夢想。農場主人多是有理想的年輕夫妻，因為交換不是建立在金錢之上，反而更願意分享生活大小事，親切傳授有機農法或道地美味食譜。

類型也不局限農場，還有海邊青年旅館可以順便學衝浪；在巴黎市區當保姆，下午就可以出門喝咖啡；幫忙造船後一起航行世界，或是到人民公社和一群人一起吃大鍋飯，一起生活。

我們選擇 HELP EXCHANGE（https://www.helpx.net/）網站做為管道，付二十歐元可以使用兩年，挑選喜歡的國家和寄宿家庭，寫信毛遂自薦，簡單說明打工換宿的時間和長度（我們大概都兩個禮拜），如果對方剛好也需要人手，就會回信歡迎你。

簡單分享幾個打工換宿的重點：

請錄取我吧！

1. 看到想去的地方就全力爭取。

即便已經不徵人，也不要氣餒，可以看他們需要哪類型的人才，大力推薦自己。像是義大利人民公社，真的太酷，我們超想去，但原本 HelpX 的頁面上公告不再收人，而我們不氣餒地搜尋該公社的官網，發現他們在找拍片及圖像設計的人才，就寫信自薦，沒多久他們就回信歡迎我們去。

陪老奶奶買菜也很有趣。

在義大利拍紀錄片。

遛狗也可以交換食宿。

2. 別害羞，什麼事都問清楚。

得到對方回覆之後，一定要先寄信問自己在意的事情，例如：一天工作多久、交換幾餐（三餐或不附餐的都有）、有沒有網路、熱水、需不需要自備睡袋等。

到了換宿家裡也要注意禮節，不同家庭，彈性不同，不懂就問。像是冰箱裡的食物是可以隨意拿取的嗎？跟家人一起吃，還是要自己煮？有些家庭很隨性，有些家庭會分 helper 食物區，或者是飲食有定量規畫，helper 需要什麼再請他們採買。善意的問題會得到善意的回應，最害怕的是不懂裝懂。雖然初來乍到就問來問去有點不好意思，但要搞清楚才能自在地生活。

我們在捷克就曾因為想吃甜食而鬧了笑話。當時換宿住的小屋裡沒有甜食，我們大費周章地用平底鍋＋自製果醬做餅乾，浪費了不少瓦斯，卻失敗了。女主人意外發現，驚訝地說：「屋裡有烤箱啊！而且如果單純想吃甜食，列在採買清單就好。」原來零食也可以買，不是只能買「必要食物」啊。

不管你喜歡哪種旅行方式，都可以參夾打工換宿。對於一直移動的背包客、沙發客來說，打工換宿更能保有自己空間及生活規畫，不用擔心金錢或人際壓力，每天悠哉又有收穫。

實用工具箱

不只 HELP EXCHANGE，還有其他管道可以申請打工換宿，像是：
- WORKAWAY　http://www.workaway.info/
- WOOFING（有機農場為主）http://wwoofinternational.org/

大家不妨都參考看看，選擇最貼近自己旅行目的的管道。

多謝比利時大使館，讓我們看到這樣的美景。

在歐洲待一年的關鍵：申請比利時簽證

「蝦米？拿到比利時打工簽證卻沒去打工？」彷彿聽到比利時駐臺辦事處傳來的怒吼，想當年我們還和大使面試官信誓旦旦地說：「我愛比利時文化！」

臺灣人在歐洲有九十天免簽，但我們想去一年，黃賽和老王在地圖上畫來畫去，路線圖都打死結了，還找不到心儀的解決方式。剛好比利時開放打工簽證，我們完全跳過打工賺錢的誘人辦法，只看到可以無限制進出歐洲其他國家的條例。我們非常清楚知道自己想要做的是打工換宿，而不是打工度假賺錢。簡單來說，旅行時間的彈性和自由遠勝於賺錢，即使花錢買簽證卻不打工的行為很笨，黃賽和老王仍緊握彼此雙手，決定就是這個了！剛好老王在比利時有朋友罩，申請居留證也方便許多。萬事俱備，隔天直接殺去申請啦。要是少了這個神器，荒謬的一年旅程可能就要隨風而逝了。

移動好便宜

窮背包客什麼都沒有，有的就是時間！買任何交通票就要發揮大嬸精神，誓死也要搶到最便宜的。我們常常睡覺前反覆 Check 各大廉航的便宜機票，翻遍背包客棧的窮遊錦囊。簡單跟大家分享我們搜集的小 tips，保證好用。

廉價航空真的省錢嗎？

買機票很像買股票，我們會用數個比價網站找出 A 地到 B 地最便宜的航空公司，整理出幾個預備，然後密集鎖定這幾家航空公司大特價的時間，只要價格喜歡就直接進航空公司官網買。可惜便宜機票常常不等人，總是在我們覺得：「好喔，明天醒來就入手！」的隔天，硬生生貴了十歐元。

訂購時，要在訂購付款前確認訂單號碼，如果收到失敗信，才可以確認是哪個單失敗，或者根本已經成功。我們就遇過鬼打牆的狀況，手誤重複訂購四張機票。

不過廉航有個陷阱，一般機場有公車直達，廉航的機場大多遠又難抵達，公車轉火車，常會花比機票更多的錢，且怎麼抵達、花多久時間，也是訂機票需要考量的，有時訂太早，可能要前一天就去睡機場或當天超早起。

另外，出國前信用卡最好開通網路銀行及網路刷卡的 3D 認證，不然偶爾遇到網購交通票要求刷卡付款的話，會很麻煩。

騙術不廉價

歐洲廉價航空非常便宜，有時候十歐元就可以送你去想去的地方。但航空公司也不是省油的燈，總會設下重重行李規定，讓窮遊傻瓜知難而退。然而，我們不僅是傻瓜之王，膽子也特別大！當時廉航規定每人只能帶 55 × 40 × 20 公分的行李，差不多是登機箱大小，該如何把夏天到冬天的衣服全塞進一只旅行箱？歪腦筋一轉，乾脆全部穿在身上（文末老王將詳盡為大家解密廉航專用穿搭術）！

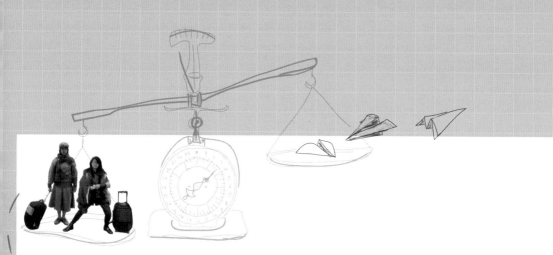

　　姊是絕對不會付錢買行李的，再困難，生命也會找到一條出路。有一次黃賽硬要闖關 Air Asia 的七公斤行李限制，以熟練手法，自以為是女特務地把行李分裝好，丟了也不心疼的物品塞到小背包，拉鍊一拉就放在機場椅子上，打算等會兒回來拿，然後背著大背包到櫃臺登記，這樣空姐就只能計算大包包的重量。沒想到，走沒幾步回頭偷瞄小背包，發現剛剛人滿為患的椅子區，人客全部彈離小背包……該不會誤以為是炸彈吧（在以色列搭便車，亂丟背包都會被路人奶奶罵）？

實用工具箱

　　貨比三家不吃虧，一家還有一家低。老王從挪威飛到曼谷（挪威航空）只花了臺幣八、九千；黃賽從匈牙利飛以色列，再去約旦、印度、馬來西亞，最後回臺灣，大概總共只花了臺幣一萬五。以下不藏私大公開：
- Sky scanner 全球機票比價網站。
- Drungli 歐洲廉價航空查詢 http://flights.drungli.com/。祕訣是，記下飛目的地城市最便宜的航空，再到其官網查最新票價。
- 歐洲飛冰島，可以查 Wow Air。
- 歐洲飛土耳其，首推 Pegasus Airline。
- 東歐四處飛 Wizz Air。
- 最安全航空是 El Al Airline 以色列航空，配專業防飛彈系統。
- 中東飛印度 Flydubai。
- 跨歐亞洲際 Nowaygian Airline。

歐洲鐵道。　　　　　　　　火車站內觀。　　　　　　　公路景色。

火車，短跑歐洲好好用

對於沒摳摳的窮背包客來說，歐洲國鐵依然貴鬆鬆。即使是專為二十六歲以下青年推出的 Eeurop Pass，價格還是讓人倒抽一口氣。退而求其次的方法是，散彈游擊法。歐洲國鐵有三個月前購買的早鳥優惠，再搭配 48 小時 Stop Over 的功能，平平十九歐，讓你多去兩個地方！

所謂 48 小時 stop over 亦即一張火車票從 A 地到 Z 地，48 小時內可以無限制停留 B、C、D、E 地，只要你開心。非常適合短跑歐洲、一個禮拜要殺很多國家的蜜月使用。以下示範一例，僅供大家參考：

從德國科隆到比利時布魯赫，早鳥票只要十九歐（德國國鐵早鳥票須提前三個月買，但非常便宜）。

只要十九歐的列車，中途提靠布魯塞爾，趕快按下 change query。

在 48hr stop over 輸入布魯塞爾。

多停一個地點也是十九歐喔，最高紀錄是停兩個點。

巴士站的老先生。

坐巴士來趟公路之旅

熱愛公路旅行的背包客最愛搭巴士，而且常常會有一英鎊、一歐元的驚喜大特價，可惜黃賽和老王從來沒搶到過。

歐洲最有名的是 Eurolines，路線幾乎遍布全歐。Eurolines 因為公司大，A 地到 B 地大多是公定價，除非遇到促銷活動，否則價格很難壓下來。我們比較偏好區域性的廉價巴士，Eurolines 可以做為比價標準。

此外，相對於價格浮動的廉價機票，巴士票相對穩定。我們在西班牙移動幾乎全仰仗巴士。物價在歐洲算是便宜的西班牙，客運車票卻貴鬆鬆，兩小時車程就要臺幣近一千，且市場嚴重壟斷，要去什麼路線都只有那一、兩家公司選擇。

早買也不會便宜，所以搭乘當天提早去買即可。當初我們怕麻煩，早早就在總站一次買完，導致時間彈性不夠，趕不上巴士還差點吵架。大家都幻想壯遊多浪漫，其實經常都在處理瑣碎的事情，跟老夫老妻為柴米油鹽爭吵差不多。

長途共乘，便宜又安全

雖然國鐵和巴士很美好，但長途還是搭共乘最便宜，也比搭便車安全。假設某小轎車司機一個人要從柏林開到巴黎見親友，為了省油錢，他會在共乘（riding share）網站出售其他三個車位，有相同目的地的旅人即可訂購，不僅經濟環保又彼此互惠。網站必須登入個人資料，也有評價回饋機制，比搭便車更多了一層保障。

另一種方式是和一群旅人租車共乘，分攤租車錢和油資，景點停留也非常彈性，適用於冰島或土耳其等背包客非常多、但當地共乘卻不發達的地方。如果你有國際駕照更吃香。

共乘價格約是鐵路的一半以下，在法國我們都用 Blablacar，司機人非常好，不過記得要使用法文版網頁，車子每天都很多；如果選擇英文版，車會變很少。

凌晨或深夜出發的紅眼時段，價格驚人地低廉，就算是搭共乘到目的地附近的大城，再轉國鐵抵達也不吃虧。付款得到電話號碼後，可以請會法文的朋友、旅店主人幫你聯絡一下比較保險。司機會列出幾個路途經過的城市，如果沒有打算一路跟到最後，可以付較少的錢，麻煩司機提早讓你下車。

實用工具箱

介紹幾個共乘網站，老王黃賽用過都說好。
● Carpooling（適用德國）https://www.carpooling.com/
● Blablacar（適用法國、西班牙）http://www.blablacar.com/
而且這兩個都是很大的共乘網站，囊括全球資訊，不只限於歐洲喔。

走跳北歐公路的老王。

免費睡地點大公開

窮遊免不了遇到需要打地鋪的時候，除了打工換宿、沙發衝浪，不時也會選擇出乎意料安全的地方小睡一下。

● 機場

有時航班太早，我們就會選擇睡機場。不過晚上如果太晚去，機場大廳椅子就被占滿了。有次我們躲在一個提款機旁的隱密三角形地帶打地鋪，整夜耳邊一直傳來提款機機械式的伴唱：「Gold to go, simple! The best choice!」這類對我們低產階級來說，不太重要的資訊。搭配著很有節奏感的音樂，超惱人，超洗腦，超怕一覺醒來跑去買黃金。

機場總是有警察走來走去，所以滿安全的。最棒的是還有 morning call。因為旅客睡得一團亂，有礙觀瞻，警察凌晨四點就會叫所有旅客起床，不用害怕睡過頭趕不上飛機。不過身外之物還是要注意，盡量壓住它，不然真的有可能被偷喔。

● 車站

曾經一不小心淪落到睡車站候車室，等隔天火車。本來有點害怕，沒想到燈火通明之外，根本超多人一起睡，路人、背包客……紛紛拿出睡袋、被單打地鋪，唯一的缺點是真的太亮了。

● 帳篷

如果帶輕便帳篷旅行，對搭便車來說自由度更高，鄉下地方、有院子的人家，都可以敲敲門，問能不能借小空間搭帳篷。

● 其他

真的很倒楣卡在前不著村後不著店的半路上的話，24 小時加油站是比較安全的選擇。

黑洞般的穿搭技藝

　　一卡登機箱該怎麼穿越整個夏天和冬天，又能夠符合廉價航空的行李限制呢？答案就是：全部穿身上！

　　要怎麼把整個冬天穿到身上，是需要技巧及策略的，有如俄羅斯方塊，沒有太瘦的身材沒關係，跟天氣也無關，畢竟再冷的天，穿完都會置身熱帶雨林無風區。

◎ **步驟 1**：把所有貼身的內搭、清爽的短袖都套上，但太保暖的就算是薄衣也千萬別穿，那絕對是壓倒你的稻草。

◎ **步驟 2**：再穿連身裙（對，我不小心買了復古女傭裝）。

◎ **步驟 3**：套上兩件毛衣沒問題。

◎ **步驟 4**：穿上絲襪、褲襪（這個熱度非常驚人，請斟酌使用）。

◎ **步驟 5**：穿短或長裙，或把套不上的毛衣穿成內搭褲（雙腿套進袖子，一秒變身）。

◎ **步驟 6**：在步驟 5 的裙子裡，依褲子的寬鬆度順序穿上約三件褲子。

◎ **步驟 7**：襪子能穿多少就穿多少，穿不了的通通塞外套口袋。

◎ **步驟 8**：穿上最大號的鞋。

★ **神補充**：大外套裡偷塞兩件毛衣，彼此袖子套袖子，一起拿在手上。

★ **神提醒**：請勿在安檢前「著裝」，老王就曾因為內層牛仔褲鈕釦逼逼逼，冷汗也跟著滴滴滴，只好去廁所把裝備都卸下來重練。只要將行李分為三部分，旅行箱、隨身包及一大袋可以穿上身的衣物，就可清爽地過安檢。

先穿內搭和短褲。　　　　　　再穿上牛仔褲。　　　　　　最後穿上靴子。

坐進飛機座位第一件事，就是不顧一切（意指旁人眼光）地狂脫，然後塞進袋子裡。不過有一次因為登機大排長龍，加上空氣不流通，一上飛機裝備還沒拆完，黃賽就飛奔到廁所吐，缺氧虛脫地爬出來還跟空姐買了貴三倍的水……

這般帶著家當搭廉航，雖然是慢性自殺的行為，卻讓我們的行李延年益壽，快樂地撐到旅行的最後一秒。

藏護照祕技

一般出門逛逛帶二十歐最保險，丟也不會丟太多，但事先換了五佰歐（以免三天兩頭領錢扣手續費）加上信用卡跟護照，移動時要帶在身邊的東西不少。自從老王西班牙被騙之後，就非常疑神疑鬼，想出來的絕招就是把錢、卡片跟護照塞進一只襪子中，然後塞進褲檔裡（就是外褲跟內褲的中間啦）。不論拿出或放入都很順手，剛開始或許會卡卡的，但很快就會找到自己適合的弧度。唯一不方便的是要看護照或刷卡時，需要去找個黑暗的角落偷偷掏一下。

怪異花苞裙

老王的穿搭技藝中，最令人嘖嘖稱奇的就是花苞裙。冰島旅館的太太用異樣眼光盯了許久，老王害羞得幾乎要把公共食物放回去（對，旅館提供免費食物，是前人留下不可或缺的資源）。

冰島太太衝上來貼近老王說：「你的裙子是在哪裡買的？樣式非常好看。」

「呃，這是件毛衣啦。」邊說邊拉出兩隻袖子。

「什麼！」冰島太太震驚得跑掉。不一會兒，太太又出現了，還拉著一個中年男子。「這是我先生，你可以讓我們看一下你裙子的結構嗎？」禮貌得彷彿我是物理教授，要跟我討論原子結構（其實只是把腳套進領子裡，袖子住內翻而已）。

毛衣變內搭褲（雙腿套進袖子裡＋小短褲），裙子變斗篷。　　藍色長裙是針織長板上衣。

去歐洲不用帶冬衣

　　想要小小皮箱闖天涯的祕訣之一，就是不要帶冬衣。除了旅遊書裡介紹的各國二手市集可以掏寶外，最實用的就是 Charity shop。很多城市都有紅十字會設立的 charity shop，價格便宜、品質良好，不只掏寶，還可以做公益。

　　有多便宜？我們曾在捷克的 charity shop 買到了臺幣三十元的冬帽、二十元的毛衣、十元的麻布背袋，還有超多美大衣。所以我們冬天穿的幾乎都是公益牌，而且冬天結束不想帶著，就直接捐回去，超省事又有愛心。

搭便車使用說明書

　　搭便車維基百科（Hitchwiki）是搭便車的最佳幫手，雖然跟衛星導航一樣，時不時也會提出荒謬的建議。

　　搭便車看似簡單，只要站到路上舉起手即可，但其實理解當地的文化背景、生活習慣、交通方式都是很重要的。而資訊豐富的搭便車維基百科，不只詳細解說該國搭便車的方式與法規，還有跟駕駛性格有關的國家文化與現況，或者到不了目的地時有什麼地方可以免費睡等，光瀏覽也是一大樂事。

自製的搭便車專用紙箱面具。

事前準備工作

● 上搭便車維基百科搜尋一下該國家的風土民情概況。

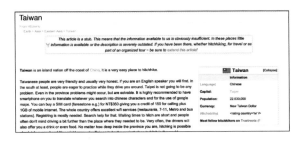

● 鍵入國家名稱就會跳出許多在當地搭便車的建議。每個國家都不同，好比台灣，就大推搭便車要準備一頂安全帽，順便搭便機車！

● 在便車維基百科搜尋你所在的城市，會跳出從該城市前往東西南北的搭便車地點建議。地點多在郊區的加油站或交流道，便車百科還會附上前往該地的大眾交通方式。

● Hitchwiki Map 不僅搭便車地點一目了然，還細心附上紅綠燈。綠燈表示攔車狀況良好。

● 另外可用 Google Map 搜尋 A 到 B 地的沿路路線、經過的地名、路況，愈了解狀況，臨時突發狀況愈能隨機應變，保護自己。

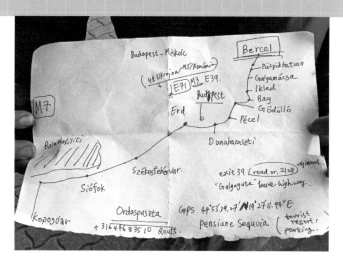

● 用小紙條畫下沿路路線、地名，記下國道或車道的號碼標誌，方便詢問，我們通常會抄至少兩條路線，以備便車駕駛走另外一條路，我們不會皮皮剉。
● 下載各國片語字典 PHRASEBOOK，抄下該國簡單的片語，以便和司機語言不通的時候還可以問路和聊天。

搭便車的訣竅

1. 地點選擇

　　每一個城市搭便車最好的地點通常是交流道附近、休息站、加油站。我們會選擇交流道前，顯眼、方便停車的地方，加油站的入口、出口（即使沒有要進加油站的司機也看得到我們）或販賣部門口。選擇位置的時候要預留空間給司機停車，注意安全的同時也要為司機著想。

司機手臂的刺青超酷。

在交流道口搭便車。

2. 詢問技巧

　　真誠而無害的微笑很有用，但在保守國家要盡量避免舉止輕浮。簡單說明自己的身分（學生的身分很好用）、想要去哪裡，禮貌地問對方有無意願載自己一程。如果遇到語言不通的司機，就趕緊秀出事前準備的紙條。

3. 安全事項

● 儘量在白天搭便車，天黑之前趕緊找到落腳處。
● 穿著依據國情而有不同，在穆斯林國家避免穿著暴露。且盡量打扮得像一般背包客，較不會被誤認為吉普賽女郎或妓女。
● 不要一開始就暴露自己的目的地。我們很少寫紙板，大多直接豎起大拇指，等車子停下來，先問司機要去哪裡。司機回答的眼神、手勢、速度等透露很多訊息，甚至可以偷偷觀察車內狀況，試著和司機眼神相對，心裡自然會明白，眼睛是不會騙人的。如果直覺司機意圖不單純，更可以和司機要去的方向相反為理由拒絕。
● 記下車牌。
● 上車之後，不斷和司機閒聊，分散司機的注意力，不做其他遐想，話題也控制在不會想歪的範圍之內，比如狂聊政治。

4. 危險應對方式

● 準備通訊良好的手機。如果察覺司機意圖不軌，可以先試試看軟性威脅，禮貌地說家人、友人擔心，在司機面前示意傳車牌號碼給友人，或直接和朋友、家人視訊。
● 拿小刀削水果。
● 司機的言談舉止讓人感覺非常不舒服，就直接喊下車。

跟司機確認路線。

車子很可愛。

住人家家揪甘心

旅行最貴的就是移動和住宿。即使住青年旅館，一年下來仍所費不貲，帶著少少的錢、傻傻就出發的兩人，絞盡腦汁也要省錢。除了打工換宿之外，我們最愛的住宿方式就是沙發衝浪。

沙發衝浪簡單來說，就是旅行時可以住在當地人家；若有其他人來你的城市，你也可以接待他們住你家。以網站為媒介，每一個登入的會員都有自己的頁面，簡單自我介紹、住家資訊、其他人給予的評價。沙發主可以主動邀請沙發客到你家，沙發客也可以主動寄信拜訪。

沙發衝浪一開始只是想省錢，到最後卻玩出興趣，黃賽和老王常常彼此分享有趣的沙發主自我介紹，哥本哈根被我們封為擁有最多有趣沙發主的地方。

好比有沙發主的困擾竟然是永遠抓不準煮義大利麵的量，所以他非常願意接待擁有這項絕技的沙發客，或是某位沙發主的興趣竟然是關掉電視，偷聽樓下街道的路人說話。光想到下一個城市有某個有趣的沙發主，就令人既興奮又期待。

沙發全攻略

最高指導原則其實很簡單，問自己想要接待怎樣的人，怎樣的相處方式是舒服的，那就是你的原則！

1. 有趣的自我介紹

好的開始你就成功一大半！想個與眾不同的自介吧，不要再寫我喜歡認識人、體驗文化，十個裡有九個會這麼寫，不過有趣歸有趣，做人還是要誠實，畢竟見面之後，別人就會知道你有幾斤幾兩重，你的真誠會被看見。

2. 挑選優質沙發主

● 有趣的（非常見仁見智）。
● 命中率高的。注意對方上線時間、回覆率，表示他最近有在玩沙發衝浪。
● 交通方便（但黃賽跟老王也曾因沙發主太有趣而不惜舟車勞頓）。

3. 小心遇到狼

● 注意頁面上有沒有身分認證標誌（verified）、信賴點數（vouched）或是沙發衝浪大使（CS Ambassador）。

● 如果看到信賴點數（vouched）我們都會大力點頭。長得像四隻手互握的認證標誌，只要會員集滿三個點數，就有權利送一個點數給你覺得值得信賴的會員。

● 注意頁面資訊完不完整，也代表沙發主的誠意和個性。

● 評價（reference）雖然不太準，但我們還是會一則一則看完，仔細推敲評價背後的意思。因為有些人害怕被給負評，所以即使沙發衝浪經驗不好，還是會留正評，但可能會語帶雙關。

● 如果接待的只限某一性向、留言非常曖昧，那位沙發主想把妹、獵男的機率就滿高的。

4. 寫信的訣竅

● 真誠至上。

● 不要複製貼上，開頭盡量寫出對方的名字，除非你是國際名模那就另當別論。

● 仔細推敲沙發主喜歡什麼，聊他喜歡的內容。

● 寫一、兩個有趣的旅行經歷或是生活中的趣事，即使很小的事也可能因為你的觀點和描述而變得非常有趣。

● 我們的殺手鐧：主打兩個愛煮菜的亞洲女孩。真的屢試不爽，得到好多回響啊。

● 要沒有羞恥心地狂寄，因為真的會回覆以及時間可以配合的其實不多。

5. 沙發衝浪的禮儀

● 想一下自己在家想要怎麼被對待，就用相同的方法沙發衝浪。

● 擁有可以上網的行動裝置，不管約見面或臨時聯繫都非常方便。旅行中會遇到太多突發狀況，有狀況及時報備能讓沙發主安心不少。

● 以不打擾沙發主生活作息為前提，盡量配合。

● 維持家裡整潔、幫忙打掃。

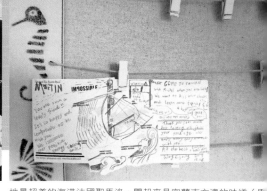

應酷媽愛蜜莉的要求寫中文字卡片。

地景超美的海港法國聖馬洛，聞起來是宜蘭南方澳的味道（思鄉無須理由）。每家都很多跟海、船、聖馬洛相關的照片或繪畫，於是送給沙發主的卡片上，我們應景地畫了艘大船。

等價交換

設身處地為沙發主想想，接待沙發客其實挺累人的，所以得拿出一定的誠意來交換才行。我們最自豪的禮物就是沙發主怪奇明信片＋臺菜荒謬煮。

1. 沙發主怪奇明信片

沒錢準備小禮物沒關係，兩位怪女最擅長的就是無中生有！用垃圾（搜集來的各式 DM、羽毛、樹枝、優格透明蓋……）做成明信片，寫下平時唬爛的我們心裡真摯的話，離開的時後偷偷藏在沙發主會心一笑的地方，例如：麵包機裡、夾在曬衣架上，或他們最愛的食物裡。或許謝禮很不威，但每一次都絞盡腦汁地秀出心裡大大的溫暖。

騎腳踏車環遊世界的瑞典實習醫生，發明了腳踏車結合太陽能發電裝置，白天騎腳踏車結合太陽輻射以蓄電，晚上在荒郊野外搭帳篷就有用不完的電，也不需要購買會污染環境的電池。旅行後他決定回瑞典考醫學系，未來想到非洲當醫生。怪奇明信片馬上變出一個單車雅痞蠟燭燈罩。

老王黃賽特製的甜椒鑲炒飯。

2. 臺菜荒謬煮

等價交換還包括煮一頓臺菜請沙發主吃。

身為遠東來的臺灣人，面對不太理解東方文化的西洋人，有個最大的好處是：「我說什麼，都是對的。」我們可以教他們最歪的中文，然後再一起笑歪，或逼他們學我們的自創曲，說是亞洲最火紅，而最常使用中華文化呼攏的，就是下廚這檔事。

遊走各國沙發主的廚房，看到廚房裡瓶瓶罐罐的香料，很像愛迪生第一次遇見化學，所有香料瓶罐都想拆開來東調西加；看著沙發主眼巴巴盼望我們變出最道地的家鄉菜，內心都會奸笑。怎麼可能每個地方都有東方原物料。我們只好在你家廚房變戲法，臺灣人煮的就是臺灣菜啦！越南河粉、泰式鳳梨炒飯也是臺灣的，愈多怪香料的廚房，愈激發我們的實驗精神。老王堪稱揉麵達人，黃賽最愛炒餡，經過一年磨練，我們可以做出珍珠丸子、炸春捲、蔥油蛋餅、煎餃、水煎包……應付二十人沒問題！話說，某天掌廚的黃賽，在廚房磨蹭良久，洋洋得意端出自以為的大菜。

「你看！這是我最新研發的泰式咖哩拌韓式石鍋之日式涼麵。那個醬料是泰式的，煮法就是韓式石鍋，麵就是涼麵的口感啦。」

老王端詳良久，「……不就是鐵板麵？」

「齁！」被激到的黃賽決定背水一戰，隔天以荷包蛋當底，把吐司挖空放在上面，再把燉菜和起司放進挖空的吐司裡蓋起來煎，自以為很有創意。

「你看，這個絕對是獨家！」

「……你幹嘛煮棺材板啊？」

有一次實驗過頭，我們幻想煮一道家鄉味日式蘋果咖哩，也不管咖哩粉是印度masala，比較辛辣刺鼻，執意和蘋果一起煮，還加了很多扁豆，結果，味道超像沒加糖的紅豆薑湯，有點辣、不夠酸、不夠甜。

「不然改做成甜紅豆薑湯，味道催下去？」

「好主意！」我們亂摸廚房瓶瓶罐罐，加了薑糖、醋、更多香料、再一點點牛奶。

「等一下，要入味。」還很慎重地等豆子煮到爛透。嚐了一口……媽呀！不懂當時怎麼嚥得下去，因為節儉成性堅持吃完，之後再狂吃水果漱口。以後只要我們懶得煮「臺灣菜」，就輕描淡寫地說這個故事，沙發主就會自告奮勇說，今天他自己煮就好。

法式小田切讓。

絕對的信任感

沙發主都有一種天賦，總能絕對信任我們，好比把家裡鑰匙給我們，要我們看家，從來沒有一點點疑神疑鬼，很快地就把我們當朋友般絕對信任。

Andrian 是我們在柏林的沙發主，是法國人，留著類似耶穌的中長直髮，臉部以上是頹廢法式小田切讓，脖子以下則是白襪子配球鞋的日式宅男風。一下班就悠哉地加入我們的行程。有一天我們還在家裡睡大覺，上班中的 Andrian 打電話回家，要我們去他房間衣櫃裡找他的護照和信用卡。原來他臨時被外派到洛杉磯出差，需要這些東西。一大早被挖起來，聽他朗誦多張信用卡號碼，試哪一張是對的，真不知他哪來的勇氣相信只認識一個禮拜不到的我們，完全不怕臺灣流浪漢會捲款潛逃嗎？晚上見面問他，他聳聳肩、滿不在乎地回答：「免驚啦，即使你們真的捲款潛逃，我也一定查得到。」被信任的感覺真好，讓我們也想回饋等價的友誼和尊重。

沙發衝浪等於性愛衝浪？

某位沙發主跟我說，他朋友和每一個沙發客上床。我滑著對方數十則正評、零負評的評價一臉驚呆！

如果你問辜狗大嬸（google）有關 sexsurfing，絕對會吐出一連串辛辣的討論。到底沙發衝浪安不安全？的確有一些沙發主是想要一夜情的，但這並不代表他的住所很危險或他不是好人。他們會嘗試，但只要清楚地說不，通常他們會理解。如果想要避免這樣的情形，找沙發就要非常敏銳。太過積極主動地邀請就滿有問題，曾經有沙發主邀請我們到深山別墅攀岩兼滑雪，看了他的評價覺得此人沒什麼問題，見面才發現是個陷阱。這人並不危險，卻個寂寞的中年男子，我們只是要沿路聽他講黃色文學，陪他看看 A 片，聽聽他年輕的豔史。

那萬一不小心和沙發主天雷勾動地火？這是個人自由，只要記得戴套就好。但要清楚自己玩不玩得起？是剪不斷理還亂，結束後會哭哭啼啼的少女？還是吃乾抹淨的肉食女？是一時激情還是愛？當然也有許多沙發到最後就戀愛了，但畢竟是旅行者，移動的自由是否比談戀愛還重要？

　　尺度收放自如需要練習，但每一個當下心裡的感受、自由意志都應該被尊重，身體就是最高的標準。沙發衝浪的次數愈多，各種千奇百怪的狀況便見怪不怪；愈清楚了解自己，知道喜歡和不喜歡什麼，愈能下正確的判斷，保護自己。

美麗的衝浪海灘。

PART 2
中 歐
錢買不到的鳥生活

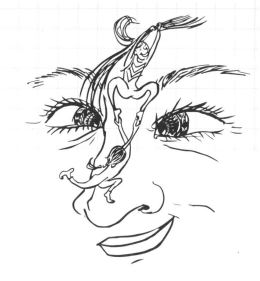

O波棒子生活

「蝦毀！這鳥不生蛋的地方是哪裡！？」

從台灣飛抵德國法蘭克福，一路轉車來到這片渺無人煙的荒野，看著公車變成遠方的一小點，瞬間有種被擁擠焦躁的台灣一腳踹入德國曠野的荒謬感，連原本悠哉裸體曬太陽的草與木，都震驚於眼前現身的亞洲外星人，倉皇回到自己的崗位不停騷動著。

不久，凱薩琳駕著紅色吉普車撿我們回家。凱薩琳是我們在德國第一個打工換宿家庭的女主人，鬆散的麻花辮和飛揚的髮絲底下是乾淨帥氣的笑臉，看我們的眼神像是在看新買來的小動物。一路帶我們深入樹林裡的五百年老莊園，一個連 google map 都束手無策的祕境之地。

凱薩琳是在家接案子的建築師，這片擁有二十隻綿羊自給自足的農莊是小時候的夢想，我們驚歎於老房子和人的生活方式自然揉和，像是房子和人溫柔地依靠著，很難想像這裡原本只是空屋和廢土，是凱薩琳一年一年、一點一滴翻修改建的，來不及翻修的地方，則貼滿純真的蠟筆畫。

「那是我七歲的雙胞胎女兒，泰拉和蜜娜畫的。」果不其然，遠方探頭探腦的小人影已經等不及一個攻上背，一個竄進胸前，下一秒已攀上樹，調皮地招手。往後的日子，我們也自然而然地成為孩子的臨時保姆。泰拉帥氣理性，蜜娜甜美豪放，因為對蘋果過敏，看到蘋果汁罐子就會負氣地趴在沙發上大哭。

孩子的野放樂園

整個家都是孩子野放的樂園，他們可以隨心所欲，自由自在地翻滾，隨處塗鴉，一會兒又換上全套防寒泳衣，去湖邊划獨木舟。你問凱薩琳不擔心她們的安全？她笑笑說：「她們就在我的眼皮底下，萬一有危險，我會是第一個跳下去救她們的人。」（they are under my eye! I will save them if they are in danger.）

　　當我們在花園除草的時候，好奇心驅使，泰拉和蜜娜會一起來幫忙，一起幻想在幫石階爺爺剔牙縫。當她們精力充沛，睜著亮亮的眼睛在探索時，凱薩琳幾乎不會阻止，並以協助的角色滿足她們好奇的欲望。

　　有一次泰拉拿著刀子要切西瓜，我們前仆後繼地想上前幫忙，凱薩琳倒是悠哉地啜飲咖啡聳聳肩，「免驚啦，她早就會了，可以自己來。」（she is used to do this.）很難想像七歲的小孩已經擁有許多二十三歲的我們都不會的生存技能。

外星人降落地表

　　「蝦米！工具間竟然有大蟒蛇！」當我們跟蹌逃離現場，奔走怪叫，凱薩琳只是一臉無奈地說：「那是漢斯的寵物……」漢斯正是凱薩琳再婚的老公，雙胞胎小屁孩的爸爸。在凱薩琳家住久了，常常一個轉身，不小心發現一兩件異於常理的物件，像外星人降落地表，你知道它們不一樣，卻像被馴化似的和整個家有默契地融合。好比院子裡只容得下半身的小木屋。凱薩琳總會滿臉困惑地回答：「那又是漢斯的傑作……」她也不懂漢斯在幹嘛？

幫綿羊剃毛，漢斯在幫綿羊剪指甲。

工作項目之一，幫忙排木頭，很像在玩俄羅斯方塊。木頭儲備著等冬天當柴燒。

某天凱薩琳帶大家去參加湖邊派對，漢斯興沖沖地把小木屋也拖到湖邊，說泰拉和蜜娜晚上想要睡在這裡，一臉滿足小木屋終於要派上用場，並且叮囑凱薩琳帶池塘的魚到湖邊放生。結果魚弄得車子到處是水，凱薩琳跳腳、猛搖頭說她真不懂漢斯，但下一秒兩人又依偎在湖邊，凝視遠方雙胞胎划獨木舟，溫暖而安定。

隔天剛好是凱薩琳的生日，半夜，漢斯躡手躡腳地走近在餐廳悠閒用電腦的我們。

「凱薩琳睡了嗎？」

不等我們點頭就瞬間消失，下次出現手上已捧著兩盆花，並輕手輕腳地放在通往後花園的路上。漢斯一臉嚴肅地飄回來，看到正在吃洋芋片的我們笑得無比燦爛，並偷拿了很多片。

這或許是為什麼凱薩琳即使納悶不懂卻還可以和漢斯在一起那麼久的原因吧，一臉認真，做的事情卻質樸孩子氣。

早上趕稿晚上跑趴

在凱薩琳家的日子，會不自覺一直微笑，自然的熟悉，沒有過分的客套，自由放任的前提是彼此尊重。凱薩琳從不干涉我們工作的時間安排，做不好的時候，會體恤地說：「沒關係，這件事我也不拿手。」、「很多 helper 也做不好。」親自示範訣竅之後請我們再做一次。一不小心偷懶太久，漢斯就會默默地把我們的事情做完了。

跟在凱薩琳身邊，總會聽她細數哪隻羊從小和她一起長大，哪棵樹下的記憶。她總說住不慣城市，天生是鄉下人。早上我們才起床，凱薩琳已經餵完羊，整理好花

凱薩琳的生日下午茶派對，德國的生日傳統就是邀請親朋好友一
起喝下午茶。

雙胞胎泰拉和蜜娜。

園，打點好雙胞胎，一個人窩在工作室裡趕建築設計稿；下午等我們工作完，抓小雞似的帶我們去上倫巴；晚上搖身一變，嗆辣俏媽咪，載我們到幾公里之外的小城跑趴。百變媽咪凱薩琳，我們驚歎怎麼有人能夠把自己喜歡的事和想要的生活揉合得這麼剛好！

　　道別那天，泰拉看起來心情很差，不願意跟我們說話，蜜娜也不太看我們。要離開的時候，四個人抱來抱去，一直把我們往房間裡拉，還送我們蠟筆畫的一隻馬和用一條線組成的一幅畫。

　　要上路了，雙胞胎堅持要陪我們去搭公車，帥氣地把外套扔給我們，轉身幫我們提行李。一度以為 helper 來來去去對雙胞胎而言是常態，原本想成熟面對離別，內心因為她們跟來，有點壓不住陣腳。哭似乎是件蠢事。

　　老王鼻子有點酸，轉頭黃賽已經淚流滿面。

　　「你怎麼敢！我都不敢哭！」

　　黃賽邊哭邊說：「我也不敢啊！」

　　人為什麼要因為長大，就不認可自己真摯的情感。於是兩個人抱頭痛哭。

　　我們坐上離開的車，雙胞胎合力比出大大的愛心，不斷揮手直到不在視線內了。

德國特有的夏至羅馬趴。

卡搭車環球接力

　　「哇靠！這裡是海底耶！」當馬蒂亞斯一打開公寓的門，牆壁無限延伸著湛藍，畫滿了小魚、鯊魚、派大星、船長、釣客（釣竿上掛著德國啤酒）……瞬間懷疑自己身上長出了鰭和鱗片，是一條悠遊的魚，柔柔陽光透過窗簾在海底款擺搖搖，每個房間都像膠囊潛艇似的，心情也跟著美得冒泡。

　　大學生馬蒂亞斯是我們在德國烏茲堡（Wurzburg）的沙發主，這間學生公寓正是他與室友們的突發奇想，因為愛死了威爾斯安德森（Wes Anderson）的電影《海海人生》（The Life Aquatic with Steve Zissou），以此為主題舉辦派對，讓每個酒醉的瘋子在牆壁上隨興亂畫。

　　這間公寓是朋友之間愛流連的所在，常常在公寓的陽臺、廚房、走廊、浴室……巧遇不知哪裡蹦出來的馬蒂亞斯的朋友。每個人要不是身懷絕技，就是怪異、荒誕、有趣。

　　像是莎賓納，在南美洲旅行一年，浪跡天涯之後，才回德國完成學業，講起旅行故事，眼睛閃閃發亮像是眼前升起回憶的煙霧。英文很爛卻又愛講冷笑話的安迪，想不到詞時，嘴巴會一直發出「嘖嘖嘖」的聲音，再露出陽光慵懶的傻笑，光這樣就足夠迷死人。派大星則有大大的啤酒肚，坐在小小的椅子上特別滑稽，總愛拍拍啤酒肚，一臉驕傲地說：「我五歲就有啤酒肚囉！這是十幾年的成果！」（I bring my beer belly grown up together since 5 years old.）

　　我常常幻想這裡每一個人的腦袋都是一顆柳橙，輕輕一榨就榨出許多荒謬有趣的鬼點子。有一天晚上我們起身想去睡覺，馬蒂亞斯不斷利誘我們繼續待著。「隨便你想做什麼都行，但去睡覺不在選項裡。」並自爆正在和另一個沙發主玩誰能讓沙發客清醒最久的比賽。凌晨三點，已經累趴的我們，還聽到他在隔壁房間慘叫：「狗屎！差一點就撐到早餐。」我們也見識到德國人的好酒力。晚餐配啤酒，大隊人馬拉到河畔繼續喝，走跳酒吧再喝，回到公寓東翻西找，拿出數瓶有不明沉澱物的藥酒，「這是我奶奶的陳年佳釀。」大夥一乾而盡。

旅行的意義

有一次馬蒂亞斯問起我們為什麼想要來歐洲旅行。

我們下意識想把旅行說得意義非凡，像是急於給世界一個交代。「可能之後想出版一本書，辦個攝影展之類的。」

看在馬蒂亞斯眼裡卻是空泛而不能理解的，還一語道破。

「簡而言之，你們想紅吧？看似很酷，其實內在空虛，總是一副有很多計畫的樣子，實質內容卻說不出個所以然。」那一次對話像是榔頭一樣，一棒敲醒我們。

反倒是馬蒂亞斯無意間分享了他的計畫：「環球接力卡搭車」網站（Global Bike Trotting）。一輛手工竹製腳踏車，讓世界每個地方的人接力馬拉松輪流騎，以此繞地球一圈。（one world‧one bicycle‧YOU and many others are riding it!）

莎賓納（右）。　　　　　　　　　派大星。　　　　　　　　　　　　馬蒂亞斯。

這麼棒的點子竟然是馬蒂亞斯和莎賓納酒後閒聊的創意，話題是這麼開始的。

「如果烏茲堡（Wurzburg）有免費租腳踏車服務該多好！」彼此鬼點子丟接。

「不如我們打造一輛，讓它環遊世界如何？」

「讓這輛車和別人的不太一樣？」

「如果是手工的？」

馬蒂亞斯火速找到柏林手作腳踏車製造商，一起打造心中的卡搭車。手工竹製，屏棄機械鋼製，代表環保愛護地球的心。同時架設網站廣邀世界各地的人，只要你覺得有趣想試試看，到官網簡單自我介紹，並說明想騎乘的路段。第一個人從德國烏茲堡開始，假設騎到土耳其，馬蒂亞斯就會從眾多報名的人中，挑選路段從土耳其開始的適任者接力下去。馬蒂亞斯一臉驕傲地說：「已經接手二十四個人，車子現在在印度，一次都沒損壞過！能夠破壞它的，只有火和坦克車吧！」

馬蒂亞斯並將這個計畫和「還給印度乾淨水資源計畫」結合，藉著「環球接力卡搭車」在媒體曝光，呼籲大眾關注印度水資源問題。一副吊兒郎當的他，竟然假不正經做善事，最厲害的是，整個計畫大多是靠別人贊助，甚至烏茲堡市長也來參一腳。馬蒂亞斯和我們一樣窮，卻靠創意和執行力，不花一毛錢完成夢想。

任何支持這個計畫的人，瀏覽他們的網站，可以選擇參加竹製腳踏車接力，也可以成為贊助這個計畫的人，不論是一頓晚餐、一瓶水、一個歇腳處，或是直接捐錢。從德國烏茲堡到印度總共七千公里，第一步計畫就募資到七千歐。

馬蒂亞斯簡單地因為想做就去做，瞬間覺得我們拿著榔頭敲大家說「噢！我這一年想要做什麼」的行為非常可笑。旅行的原因可以很單純，不一定要給誰一個交代，不一定要有一個形式作結。意義似乎不用去尋找，有些東西靜靜地體會和反芻，就會留在血液裡，有一天會轉化成某種養分。

全手工打造竹製腳踏車。

蚊子電影院

　　最後一天留在烏茲堡，我們提議登上後山城堡參加戶外電影之夜，對於這個提議他們連連搖頭勸我們別去，電影非常無聊。拗不過我們的堅持，馬蒂亞斯腦筋一轉，決定一起上山，但他想說服露天電影院不要再放無聊電影，改放黃賽的畢業製作短片。我們壓根覺得他在開玩笑，畢竟他根本沒看過作品。一群人帶著野餐布和酒，浩浩蕩蕩地上山了。

　　沒料到馬蒂亞斯言出必行，只見他一臉誠懇地說服影展的工作人員，手裡拿著黃賽的畢業製作光碟。即使仍遭拒絕，即使連我們也不可思議地大呼：「你怎麼敢？」他仍聳聳肩，一副不以為然地說：「你不試又怎麼會知道不可以呢？」

　　最後我們改在草地上用筆電看短片，大家或坐或趴，喝著啤酒，坐擁星空。看完短片的靜默，讓黃賽緊張到心臟都快要跳出喉嚨，非常害怕外國人看不懂。還好他們只是沉浸在轉折裡，並問了許多問題，馬蒂亞斯還一直碎念影展裡的人一定都會喜歡。又默默地跑去再問一次放映的可能。當下覺得很感動，感動的不是因為那些肯定，而是馬蒂亞斯「有何不可，值得一試」的勇氣，試了一次不罷休，換個方法再試一次。

　　我們常常以為自己預見未來，而先否定掉自己，選擇安穩有保障的路，卻不願意試試看其他荒煙小徑會不會有不一樣的風景。

　　我們還在夢想和旅行之間載浮載沉，馬蒂亞斯已經在打造生活的夢工廠了。

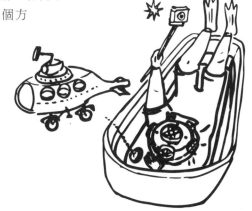

歐陸狂花

hitch-hike.

　　會搭便車，是因為旅行一開始不小心認識了馬蒂亞斯。

　　馬蒂亞斯是我們德國的沙發主，不要看他一臉溫馴謙和，旅行瘋起來可以不帶一毛錢搭便車從德國一路衝到希臘。他的大學室友各個也都有兩把刷子，不是剛從南美洲浪遊回來，就是每天背著專業登山背包出門……上學。

　　旅行才剛起步的我們，似乎也跟著他們的冒險故事一起經歷大風大浪，心情就像發泡的白日夢般浪漫了起來，離開的時候便自告奮勇向馬蒂亞斯拜師學藝，要搭便車到下一個城市！他很罩得替我們安排好一切，我們也傻傻地以為只要遵照他的指示到指定的交流道搭便車就好。

　　然而第一次搭便車我們敗得很慘，頂著雨在高速公路上像無頭蒼蠅，在交流道荒唐地繞了三個小時之後默默地搭上火車。我們太無知了，未對搭便車有任何通盤了解，所以面臨的賭注和危險就愈大。不僅無法掌握資訊，反而容易人云亦云，而不能下正確的判斷。之後我們乖乖掏錢貢獻歐洲國鐵、巴士好一陣子，然而那股不甘心，隨著旅費愈花愈少，想去的地方愈來愈多，時不時在旅途中引爆。

　　第二次搭便車，是在瑞士的時候。因為火車票貴到吐血，決定重起爐灶，苦讀搭便車聖經 hitchwiki，才發現我們一開始只知搭便車皮毛，未了解其精髓，這一次，從搭便車地點、交流道行車方向，甚至起點到終點的路線，我們都謹慎地用 google 衛星地圖推敲數次。小到沿路的德文地名，大到瑞士的風土民情都略知一二。知道得愈多，風險就愈小，愈能在面臨突發狀況的時候做正確的判斷。

年輕修士。

德國帥爸。

波蘭司機。

十年人生都在一條路上

那天風和日麗，心情完全像在遠足，等不到十分鐘就被獨自旅行的德國爸爸泰德接走了。人生第一臺便車，我們難掩興奮和好奇，嘰嘰喳喳地想要了解泰德為何而來，想要去哪裡，以及他背後的小故事。

即將前往阿爾卑斯山健行的泰德，同時間家人卻在哥本哈根旅行，選擇不和家人一起出遊是因為體悟到結婚有了家庭之後，反而更需要獨處的時間。工作和家庭之間來回奔波，人總會疲乏，這時候泰德會選擇讓自己喘口氣，和自己獨處，對泰德而言那才是真正的假期。

第一臺便車的好運氣讓我們欲罷不能。每次豎起大拇指，都因為未知的冒險感到無比興奮！就像即將潛入亞馬遜叢林的游擊隊，會遇到各式各樣或許一輩子都不會遇到的人，或是把十年所遇到的人壓縮在一路上。

有做太陽能板的，一路訴說十年前如何愛上臺灣女孩，纏綿緋惻，我們馬上拜託他來臺灣發展，多標下幾個和臺灣的合作案，還可以一兼二顧，摸蛤仔兼洗褲，回去見他的臺南女孩！

有開雷諾（Renault）敞篷車的，跟我們介紹怎麼在德國高速公路上飆到兩百，老天！我們頭髮都要直了，不想命喪異鄉啊！對車子沒什麼概念的我們，倒是愛死了三十年老爺車，音響極好，聽音樂超爽！

或是在加油站和同樣要搭便車的年輕人不期而遇。保羅就是其中一個。一大清早，遠遠地看到他滿頭亂髮，拿著滑板，一手啃著蘋果，一臉起床氣，不想搭話。搭便車已是家常便飯，似乎在他的腦袋裡，正常的大眾交通工具完全沒有列入考量。才十九歲，年紀輕輕就很敢作夢。放棄念大學的他，現在在奧地利小鄉村裡學習木工技藝。夢想是靠這個技藝環遊世界，在全世界最棒的地方蓋一間屬於自己的房子。

也遇到長途跋涉的大卡車司機。司機絕大多數來自東歐，因為薪水較好來到西歐當卡車司機，卻切不斷對家鄉的思念。有保加利亞司機，即使語言不通，仍攤開地圖，透過畫畫、簡單比手畫腳，以及手機裡的照片，訴說他對家人的思念。可愛的波蘭司機，還帶瓦斯爐煮家鄉菜，料都是遠在波蘭家鄉的母親備好的，讓兒子工作的時候仍可以吃到媽媽的手藝。聽著他們的故事，以及坐在視野極佳，像極 3D 電影的大卡車副駕駛座，卻有一種淡淡的鄉愁。

MIT 故事販賣機

像搭便車這種不花錢的旅行方式，或多或少讓旁人以為只為了省錢，不僅冒險，還把逐夢的成本轉嫁在他人身上。我們也曾想過，到底為什麼司機要停下來，甚至繞路載我們到目的地？或許是因為這滿足了他們心靈中某個無法用金錢衡量的需求。

搭便車其實一點也不困難，心態卻非常重要。並不是要「拜託」司機載我們，而是給他同一段路上不同的選擇，帶著其他文化背景的旅人，這可不是隨便遇得到的事情呢！

我們總是微笑遞出地圖，告知司機我們是誰、要去的地方，如果順路就載我們一程，不方便也不必介意。那些總是來回同一段路的司機，樂得無聊路上有人陪。

好比在匈牙利一開始無精打采的中年男子，因為我們一行人歡樂的故事丟接，也恢復幽默機智的性格跟我們開玩笑。

「把後車廂那手荷蘭啤酒拿走吧，我不喝酒。」過了一段路，他說：「你們不好奇，我為什麼會載你們嗎？」

等我們瞎猜完，他才說出剛發生的沉重故事。

「我跟一個二十年不見的朋友忽然聯繫上，約今天在附近見面。但就在剛才，我接到他女友電話，他早晨心臟病發過世了……我忽然覺得好空，不知道所謂人生該怎麼辦才好。」

感受到凝結的氣氛，他笑了一下：「然後我抬頭看到你們，覺得我應該要做些什麼，不在我平常思考範圍內的事……今天的我不知如何是好，但至少可以成就別人的一天。」

我們趕緊道歉，覺得自己剛才胡鬧的態度很失禮。

他搖搖手：「無論如何，你們真的讓我覺得好過多了。」

也有司機在我們要下車前，拿出快融化的巧克力冰棒，害羞地說：「我本來心情很差，所以去加油站的商店買冰來吃，想讓自己開心一點，不過我現在不需要了。」

或是一位女司機發現我們還沒吃早餐，就特別繞去自己最喜歡的有機麵包店，她把食物塞給我們說：「我獲得了很多有價值的故事，付出些什麼是應該的。」

第一次搭便車雖然失敗，但過幾天竟然被馬蒂亞斯告知，我們搭便車的舉動登上烏茲堡的地方小報，好想知道標題～

無論哪一個國家，最美的風景都是人。

　　有人感謝我們，讓他回憶起往日的壯遊；有人感謝我們，讓想在亞洲置產的他有個聯繫；有人載著我們四處跟朋友炫耀；有人興奮於臉書上多了中文字……就算只是簡單的交談，對他人來說，可能是一次脫離常軌、忘卻現實的放鬆。我們這些乘客，變得不是「搭霸王車的無賴」，反而比較像是「MIT故事販賣機」，四處給人能量。

　　我們在車上分享的故事有什麼不得了嗎？其實沒有，就是一些生活、旅行的荒謬故事，或者介紹臺灣、亞洲，很多我們在生活上習以為常的事情，例如：初一十五的街道、早餐吃什麼、生活習慣、對事情的看法。

　　當「搭便車」這件事用價格來衡量，我們是受惠的一方，但從價值來看，那些快樂能量與不同文化的交流，是金錢無法取代的。這些經歷讓我們理解，麻煩別人載我們一程，不是低聲下氣的請求，不是強迫中獎，也絕非不付錢占人便宜。

　　黃賽跟老王甚至幻想未來當媽了以後，一個要孕婦搭便車，一個要在貝比嬰兒床鋪滿地圖，等小孩大一點就一起搭便車。說不定變成老奶奶之後，還會拄著拐杖到彼此家裡，聽對方朗讀便車日記。

柏林 扮不了的歷史

　　如果你跟我們一樣,是廢柴一枚,有那麼一點憤世忌俗,卻又脫離不了人群的城市遊牧民族;知道自己不想成為討厭的大人,卻又不知道如何成為自己喜歡的樣子,那你一定會愛上柏林。

　　隔著條街,社會主義和資本主義彼此眉來眼去;嬉皮和雅痞可以結拜當兄弟;你可以在 vegan 有機蔬食店大啖無蛋紅蘿蔔糕,起身路過 freegan(反消費者)的食物分享會;走到河畔聽著嬉皮彈奏烏克麗麗,大啖土耳其市集買來的 falafel(油炸鷹嘴豆球);累了閃進金碧輝煌的麗池卡登飯店,故作遊客歇腳,還巧遇英國搖滾樂團平克·佛洛伊德(PINK FLOYD)的羅傑·沃特斯(Roger Waters)。

　　柏林就是很窮很窮也可以活得很優雅的好地方。整個城市都是免費美術館,我們才跟街頭爬滿闇黑系歌德塗鴉大眼瞪小眼,轉一個彎就不小心混進潮溼老舊公寓三樓的藝廊開幕趴。到了晚上,可以爬上玻璃球體議會,三百六十度柏林夜景在眼前展開。柏林多采多姿的生活,瞧一眼柏林的海報牆就可見端倪,海報像年輪般一層一層,貼了又撕,色彩斑斕到忘了原色。

　　漸漸喜歡柏林卻是一個禮拜之後。

　　一開始,如果跟柏林沒那麼熟,初來乍到,真的會被柏林歷史看板海給嚇著了。德國人丈量歷史,從希特勒、猶太、二戰,到共產史塔西,在城市座標下不斷畫線再畫線。整個柏林的歷史朝我撞來,噢!這裡是東德史塔西祕密警察總司令部。踮著腳尖從歷史現場逃離,回頭撞見大型黑白照片看板,納粹的槍指著一排猶太人,誤闖恐怖地形圖(納粹的樞紐機構)……歷史在生活的轉角,無所不在。

以色列編舞家

　　隨意地走進東德遺留下來的廢棄倉庫,門上張牙舞爪的噴漆、半掩的門背後透出的光,真的很難抑制好奇心,沒頭沒腦地闖入,迎面而來是吞噬人的黑暗,唯一的光源是遠方的束光燈,燈側的臺階上,身軀龐大的光頭大鬍子,一臉困惑地回頭瞪著我們。尷尬三秒。光頭見怪不怪地指揮我們其中一人去當他的 cue face,泰然自若到把我們當作鄰居的小孩。又硬塞了ＤＭ邀請我們明天晚上來看他的現代舞表演。

　　原來光頭大有來頭!曾經是現代舞大師畢納鮑許的舞者,後來成立自己的舞團,卻在自己的國家以色列處處碰壁,反而來到德國才找到自己的舞臺。

恐怖地形圖，前身是納粹主要的鎮壓機構蓋世太保和黨衛軍總部，現在為戶外博物館。

柏林的牆壁上幾乎都有塗鴉，連樓梯間也不放過。

「為什麼想要來德國發展啊？」我們不著邊際地問。

「因為對方一知道我是猶太人，就不好意思拒絕，或更願意幫忙給機會，反而更多人看得見我……」

聽到這席話心揪了一下。大街小巷的歷史看板海、追思沙龍、猶太相關展覽，已經解讀不知百萬遍德國人想要從納粹大屠殺中贖罪的心情，原來這層放不下的內疚已經廣泛蔓延到工作機會上，因為感到抱歉，而願意付出更多，德國人的背馱著的是多麼沉重的歷史。被迫害的猶太人七十年後在同一塊土地獲得工作的自由，而如今的以巴衝突，歷史重演，猶太人卻成為迫害別人的元兇。

「那你為什麼喜歡跳現代舞呢？」

光頭思忖良久淡淡地說：「因為情感是脆弱的，舞蹈才能宣洩心中的衝突。」

當下的我們聽不明白。

表演當天，黃賽和老王拉著沙發主一起去看。因為較晚入場，不得不坐在舞臺正中間的小臺階上，那是當你看著舞者的眼睛，他也能看見你的距離。音箱流瀉出美國歌手納‧京‧高爾（Nate King Cole）的 L – O – V – E，男舞者像個小女孩似的，趴在地上，捧著臉蛋，翹著腳，用流暢的動作，表達心中甜甜、酸酸、澀澀，談戀愛的心情。有那麼一瞬間，我們似乎懂了，光頭大鬍子的那句話。現代舞之所以迷人，是因為傳達我們心中那種模糊無法言語表達的悸動，肢體宣洩的情緒可以很真切，人與人之間的愛、掙扎、惋惜、衝突，那樣美的情感，是沒辦法被抹滅掉的。即使言語隔閡，歷史重演，再多的矛盾存在。

表演結束後，德國老師帶著一群學生包圍光頭大鬍子，嚴肅地討論猶太議題，光頭的眼神又恢復淡定理智。我們不禁回想幾分鐘前光頭在舞臺上閃閃發亮的眼神，或許，光頭只是一個喜歡跳現代舞的小男孩而已，在哪裡跳都好。

猶太屠殺紀念碑。

柏林跑趴

在柏林總有認識不完的朋友的朋友。這次是朋友的朋友的朋友舉辦藝廊開幕酒會。

俏鬍子藝術家開心過來跟我們打招呼，問我們這幾天的柏林經歷，我們說起塗鴉，聊起歷史，一股勁兒盛讚德國人檢討史實很勇敢。

他訝異地反問：「你們覺得這樣很勇敢？我們是因為害怕被國際責備，而必須不斷討論著，現在沒有人敢以自己是德國人為傲；你有看見人們車上插國旗嗎？那會被說是納粹。」他像被點燃似的，繼續憤慨地說：「柏林圍牆倒了，即便是沒參加過這段歷史的年輕一輩心中仍有陰影，到今天仍舊認為東西德的人有所不同。」

在我們眼中的勇敢，在德國人心中卻是膽怯國際責備的保護膜，猶太問題仍舊存在。東西德統一，只是表象的美好，對年輕人來說，這座圍牆在心理上還是存在著。歷史在德國人心中留下無可抹滅的傷痕。

離開柏林之前，我們去了一趟猶太屠殺紀念碑。

紀念碑像巨大的波浪森林海，灰色水泥方塊高高低低地在廣大空地上整齊排列。

開始，水泥方塊與我們等高，仍能聽到遠方大馬路上的喧囂，汽車的喇叭聲，土耳其小販的吆喝聲，小孩拿著五顏六色氣球，在水泥方陣裡鑽來鑽去。一步一步深入水泥森林，外頭的喧囂漸漸被拉小、甚至吃掉，彷彿被誰給消音了，獨留自己的跫音，捉迷藏的小孩也漸漸被拔高的水泥方塊吞噬，消失得無影無蹤。有時候會聽到一點點窸窣的細語，或在下一個轉角，像貓一樣悄然不見某人的後腳跟。大部分的時候只有自己，不斷拔高的巨大水泥方塊把天空切割得只剩下一點點，孤單害怕，永遠不知道下一個十字路口會遇到誰，是納粹蓋世太保，抑或東德史塔西祕密警察？不斷往前走，水泥方塊漸漸消下去了，天空回來了；車子的喇叭聲，嘻鬧聲，喧囂回來了；迎接午後暖暖的陽光。

這片碑林或許是德國人最佳的心靈寫照。歷史，應該銘記在心，但我們更想把這段沉重歷史輕輕放下，暖暖的，甜甜的，享受午後醉人的香檳色陽光，踏實地過著每一天的生活。

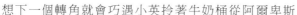

金頂下的移動城堡

「如果我們家真的有一頭牛，是不是就是這個味道啊？」在月臺等候打工換宿女主人，我們情不自禁陶醉於空氣中瀰漫的青草香，摻和著牛屎的原始況味，看著眼前瑞士山谷綿延平展開來的綠色地毯，幻想下一個轉角就會巧遇小英拎著牛奶桶從阿爾卑斯山上飛奔下來。然而迎接我們的不是小英，而是《霍爾移動城堡》裡的魔女蘇菲！普林斯卡一頭銀亮的白髮，在陽光下閃著亮藍，一如她淡藍色的眼睛，紅通通的臉蛋真的很像少女不小心老了，領我們回家的步伐，優雅得讓一襲棉片裙有韻律地收散著，像雲朵輕輕地嘆息。

一進門男主人安迪正低頭思忖劇場舞臺設計圖，看見我們亮起笑容，像是普林斯卡雲朵裡探出頭的一小片陽光。不騙你，我們真的來到霍爾的移動城堡！蔓著荒草的破舊外觀，裡頭一層層迴廊擁抱著天井，通透的天光在偶爾揚起的灰塵間流轉，讓舊舊的家具也有了溫度，牆壁隨性地貼滿照片、畫、卡片、明信片、剪報、裝飾，不經意得好看。迴廊盡頭的書房，頂天的書架，擺滿從世界各地搜集來的童話故事書，按照國家排列，是安迪的童話圖書館，角落擺著古董床和椅子，安迪示意讀累了可以放肆地躺和翻滾。書房是樓中樓設計，階梯盤旋而上通到屋頂閣樓的小劇場。玻璃地板是天井的天花板，傾斜屋頂鑲著大片落地窗，天然的陽光照亮整個舞臺，後臺堆滿馬頭道具，前臺慵懶的吧檯擺著老式咖啡機。

我們一度懷疑宮崎駿爺爺曾經來這裡度假，才能畫出《借物少女艾莉緹》裡的奇花異草，後花園簡直是動畫 3D 版，閒置著兩輛馬戲團馬車。

原來安迪是喜劇演員，表演類型有點像中國的逗捧相聲，閒暇之餘亦是童話故事說書人。當我們好奇想一窺安迪的表演，普林斯卡可愛地掩面難以置信地說：「看了那麼多年，還是很好看！」

他們是在馬戲團認識的，原本是燈控和音控的安迪，離開原本的馬戲團想要成立自己的馬戲團，普林斯卡是接替他位子的人。馬戲團像游牧民族般經過一個村子又一個村子，安迪卻頻繁回去見普林斯卡，並教她後臺的細節處理。之後兩個人擁有自己的馬戲團馬車，並在瑞士到處巡迴，大兒子就是在馬車上生下的。

霍爾的移動城堡 3D 版。

渾然天成的合聲。

　　第一天在我們起鬨下，他們合唱了一段情歌，音符似乎本來就該在那裡一樣，你聽不出彼此還在磨合、還在等待、還在尋找，渾然天成的默契，連亦步亦趨在他們身上都顯得多餘，當最後一個尾音抖動，「噴」的一聲，他們齊聲收尾，讓人懷疑他們在空氣中的波動等長。在一起十七年了，你問他們怎麼辦到的，他們說：「或許音樂是相愛的療法。」（music is our therapy）

　　普林斯卡完全是魔女，總是會先聽到她的口哨聲迴盪才看見人，在窗邊讀本小書邊煮水，打開水壺，水氣、煙霧及窗光，讓一切更魔幻了。煮飯的時候咕嚕咕嚕地弄得滿室蒸騰，老式半自動機器將穀物磨成麵粉。很多時候水藍色的眼睛盯著窗外，緩慢地說話，結尾掉入思緒或注視或輕笑。無聲地移動，有如無聲的貓。

　　安迪外顯，誇張示愛但不矯揉；普林斯卡內斂，明白他孩子氣而微笑。他們並沒有結婚，困惑為什麼愛情需要保固，今天的相愛並不代表十年後仍相愛啊，哪一天不愛了會成熟地放彼此走，一紙法律的效益在他們心中比不上對家的責任，孩子的出生讓他們更願意為這個家安定下來。

　　晚上躺在小床上，老王和黃賽盯著昏黃的燈光，分享著彼此父母的小事。王媽理性，溫暖給予人力量，王爸調皮；賽媽快人快語難得糊塗，賽爸是敦厚的慢郎中。似乎一路上遇到的家庭都是互補的，互相需要而成就完整的家。

我們坐在吊車後座，一起上山扛木頭，在傾斜的山坡上，散落著伐木工人砍完剩下的木頭，每一根都比我們還要高，咿呦嗨呀扛上肩，送上吊車。

努力學中文的瑪拉麻。

魔女的女兒是精靈

　　第一次見到瑪拉麻，是和她一起採收後院種的草莓，像小精靈似的，小學五年級，頂著刺蝟短髮，瘦長的比例，以及像西瓜切片般的完美露齒微笑，活脫是日本漫畫裡的帥男。好比我們一起玩 Kube（瑞士傳統遊戲運動，很像丟木塊的西洋棋）她俯身瞄準，乾淨俐落不拖泥帶水，真的會懷疑《獵人》裡的西索就在你身邊。而且她從不穿鞋，在屋子裡，花園裡，大剌剌地赤腳上學，甚至在山裡健行！當老王因為去溪邊玩而來不及穿鞋，在石子路上痛得跳腳時，瑪拉麻已不知來回蹦跳好幾回。你問普林斯卡不擔心刮傷嗎？她一臉驕傲地說：「她都這麼大了，會自己看路，這正是她特別的地方，赤腳多麼健康呀！」（I like it, she is so special. I know it's healthy！）

　　早上七點，撞見她一個人在窗邊畫著馬戲團拖車，喜歡她回頭跟我對到眼時陽光般的微笑，換上奇異的民族服飾，坐在窗邊的她簡直美到像畫，隨興彈琴和吹口琴，這裡的孩子都這麼自由嗎？

化為木的房車

對東方充滿好奇的她，嚷著要學中文，在紙上隨意寫滿自創字，是她想像中的中文，我們一起找裡面有什麼，真的找出不少中文，還有椅子、側臉、狗、火車的圖像等。她好有創造力！相較二十三歲的我們，瑪拉麻有時候更像是小姊姊，十一歲思想卻非常成熟，她不是用 fine、ok 而是總說：「Oh, that's good!」

學習不是為了未來要成就什麼，而是喜歡和好奇，所以她才這麼快樂和自由吧。

太陽與月的力量

這裡的起司和新鮮牛奶，都是附近牧場自製的，有機在這裡順其自然地被習慣著。他們不吃蜂蜜，想像一隻蜜蜂一生只能產生一湯匙的蜂蜜，人工採蜜方式其實很不人道，人們拿走只為了製作糖水，普林斯卡認為不是最好的選擇，吃進肚子以前總該想想食物是怎麼被製成的。所以他們吃素，菜很多都是後院種的。

他們也非常好奇臺灣的農民曆，相信月的能量，安迪說：「很久很久以前的瑞士人是依月而息，但是現在很多人不相信不能看見跟觸摸到的東西。」

清涼的河水，忍不住涉水下去

　　每一天，在後院的長木桌上，我們幸福地咀嚼每一餐，普林斯卡的全麥德國黑麵包，每一口都咀嚼出麥香，後院鮮採草莓蛋糕，野莓小小的卻超香，每一口蛋糕都可咬到香酸甜的草莓！我們像是怕一離開歐洲就永遠吃不到眼前的美味般狼吞虎嚥，他們吃得好簡單、好少，安迪說：「胃只有你的拳頭大啊！」只使用需要的東西，就是他們的生活風格，不是節制或忍受，而是自然照著想要的方式生活。

　　「你看！這是家的心臟。」安迪秀給我們看太陽能房，巨大的鍋爐爬滿複雜的管線，連通屋頂上的太陽能板。是安迪按照自己的想法和專家朋友討論而設計的，整個家都是按照適合自己生活的方式改建。普林斯卡坦言，維持有機、自然，一切的一切其實很貴，但她和安迪生活需要的不多，花費不多，所以能維持平衡。

　　完美契合的家庭，以自在的步調生活，不隨波逐流，一直是我們嚮往的生活方式。或許看到安迪一家的平實溫暖，想起自己的童年，不想回家卻很想家。老王和黃賽擠在一張小床上：「我好想家喔！」黃賽因為牙痛整個人縮被子裡噴淚比較想臺灣牙醫：「我也是啊！本來想說不要說出來打亂軍心的。」看著別人的美好想著自己的家，有種賣火柴小女孩隔著窗戶羨慕別人吃火雞大餐的鄉愁。

愛在起司融化時

在瑞士跟奧地利的邊境，有個小小起司牧場，養的牛不超過二十頭。太好奇起司製作過程的我們，跑來這裡換宿。

起司牧場負責人艾立克，穿著白色衣褲、白圍裙、白帽子，連靴子都是白的，這套是搭配牛奶顏色的迎賓戲服吧？艾力克說：「因為乾淨對製造起司是非常重要的，白色衣物才能立刻看見髒污。」

在歐洲牛奶的價格便宜，好比台灣的豆漿，對小農來說單賣牛奶，根本不合成本，艾立克因此轉以販售起司為主，由於對品質的堅持，除了在一般農牧市集販售外，已經有合作的餐廳，也有不少德國饕客特地跑來試吃選購。

三百公斤的牛奶大概能製造五、六公斤的起司，對乳牛的照料，自然是起司品質的重要關鍵，現在主要由英國學徒麥可負責照顧牠們，持續規律地餵食乳牛，以確保奶量供應。

「牛每隻都有不同個性、習慣，對牠們要很溫柔。」理平頭、滿臉鬍碴的麥可，臉蛋圓圓的，笑起來眼睛彎彎像隻貓：「要分辨牛，光靠牠們的臉不可能啦！最準的，是用每天擠奶時摸的乳頭來分。」

麥可每日固定在清晨領著牛群去吃草，然後趕回牛舍，聽著收音機裡充滿雜訊的美國鄉村音樂，用暖過的手擠奶，才不會造成乳牛不舒服。他在臀部綁著一個單腳小座椅，像隻巨型蜜蜂，在牛群間繞啊繞，呼喚牛的名字，拍拍牠們，或者忽然跳開，閃避驚險的「便便時刻」！

一大早擠的新鮮牛奶，先快速冷卻避免發酸後，我們跟艾立克擠在悶熱的鐵皮小屋，用特殊機器邊攪拌邊加溫牛奶，這過程中溫度跟時間的控管很重要。何時加入酵母，依需求決定保留多少脂肪……每個步驟他都像用功學生般認真記錄，這樣才能推斷過程中哪個部分影響了成品。

當拌煮的牛奶開始凝固，艾立克把攪拌器換成長得像豎琴的切割刀，將牛奶切碎成像豆腐渣，再用紗布包起，裝進白色的特殊圓桶中，蓋上十五公斤的蓋子，壓六週左右，讓起司完全出水且緊實。

牛隻列對散步。

接著將這些起司半成品，存放在地下室裡，先浸入鹽水一段時間，由麥可進行每天早晚兩次的鹽水輕刷 Spa，要戴著手套小心不能留下手印，再照起司的年紀平放木架上，依不同需求出貨。這樣的手工起司，每個步驟都蘊含了酪農的用心。

牛郎與織女

艾立克話不多，工作時不像麥可會不斷跟我們對話，他總是安靜專注在眼前的工作，即便我們不斷拍照，也不會受干擾。我們幫忙的那幾天，艾立克的女友羅亞來度假，遠距離戀愛的他們，平常不講手機也不寄電子郵件，反而是透過寫信，一筆一劃傳遞情感。

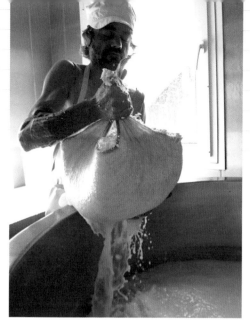

艾立克認真做著起司。

　　無須工作的時刻，他們常在廚房相伴，艾立克剁著大蒜、辣椒，羅亞揉麵團，幾乎沒有對話，只有動作跟眼神，卻能感受到強烈的和諧與幸福。羅亞說沒遇過像艾立克這般，讓她感到這麼安穩的人。無須言語，卻能讓人感覺到強烈安定，簡直是高僧的境界。繼承父親牧場的他，選擇把牧場轉成對牛隻較友善的運作方式，每天同樣用心專注地重複工作著，即便他都沒跟我們講話，卻可以感覺到他踏實而滿足地生活著。

　　離開廚房，就會聽見在玄關曬太陽的麥可，正抱吉他彈唱著英文芭樂歌，瞬間從廚房內牛郎織女的仙界氛圍，回到歡樂人世間。

時尚換起司

　　每天看麥可在輕快樂聲中，熟捻地把牛隻當哥兒們套交情，還以為他生來就是鄉下孩子，但他說當初光認牛就花了一個月，整天被牛群的後腿攻擊霸凌。深聊才知道，他曾是成衣界叱吒風雲的時尚品牌經理，縱情揮霍，每每瘋狂玩樂後又更依賴菸酒，心中總有錢填不了的空。三十歲生日時，他不許願，而是問自己那個重要的問題：「我快樂嗎？」

　　沒多久，麥可辭去優渥的工作，變賣家當，開始在歐洲各個農場當學徒，夢想在葡萄牙擁有自己的農場，連名稱都取好了。

　　當初麥可自問：「我快樂嗎？」也同時思考著快樂的定義。在我們看來，他們的快樂，源自認真去做喜歡事情的滿足。

每天跟乳頭博感情的麥克。

　　重複餵食、擠奶、刷鹽水、記錄、刷洗……會流汗、感到疲累，這樣的勞力活並不輕鬆，卻令人放鬆。無論是多小的事情，如果是自己選擇去做的，用心地累積，那成就感就會融入每日生活裡，而非來自最終的金錢報酬。

　　離開前夕，羅亞應我們要求，準備了其實超不適合夏天的瑞士代表美食 Fondue：起司火鍋。長叉子上的切塊麵包，裹著鍋裡融化的起司繞呀繞，拉長的起司條彼此交纏，站到椅子上都還拉不斷，大夥兒邊努力邊大笑，這太適合送去聯誼派對炒熱氣氛了！

　　在起司牧場，每個人在渾沌的起司鍋裡，拉起屬於自己的快樂線索。這般不速成的快樂，不需要等到有結果才滿足，前進的過程就已經是收穫。

天氣晴朗，羅亞喜歡在外頭泡澡。

我家有一堆爸爸

你可以想像八竿子打不著的一群人一起住到老嗎？

唰的一聲打開門，米白的牆搭配淺棕的地板和鐵色家具，還以為自己誤闖無印良品的樣品屋。陽光把客廳和廚房照得通亮，那些生活的片刻在陽光下一路攤開，暖洋洋地晾曬著。五層香料櫃，整整齊齊排列著辛、酸、苦、辣各式香料罐，似乎能夠一次滿足各種脾氣個性的人。冰箱上俏皮地張貼著冰箱值日生輪值表，遠方的廊柱下大膽標示著誰被記了好多個大叉叉，公共空間井然有序，似乎是說好了似的，完全不似一般合租公寓該有的凌亂隨性。

廊道的兩邊，半掩的門背後可以隱約窺探不同房間的個性，有只鋪紅地毯、什麼家具也沒有的北非風格，牆上爬滿各式桌遊紙板；有直接把床移到陽臺的浪漫，散落的枕頭、棉被，耽溺著和大自然溫存；亦有在小小的房間架上木頭隔板，斜倚著木梯，就變出樓中樓的巧思；一個個房間就像是一顆顆腦袋，我們像是不小心撬開主人的腦袋，發現暗藏的驚奇怪誕。然而微弱地仍可以嗅出是一間吞吐過不少房客的老公寓。

這間隱身瑞士伯恩的合租公寓，是紀錄片導演艾倫的家，一群人一起合租一兩層公寓，一起生活，共享廚房、客廳、浴室……而我們要在這裡沙發衝浪三天。

艾倫的室友有書差（騎腳踏車送書）兼哲學家賽門，喜歡發明桌遊專利，並且把踩繩索當運動。心理諮商師奧立佛，心直口快的德國人，最愛問我們：這是什麼意思？你要或不要？喜歡明確的答案和像衝刺般有效率的行動。以及即將徒步翻越阿爾卑斯山的奧立佛的女友：溫婉的女藝術家克莉絲丁，長髮飄逸，一轉頭另一邊剃得精光！艾倫本人也是個怪胎，專長十秒入睡，最愛跑趴和做瑜伽，身為自由導演下午四點就會自動下班在廚房啃吐司加花生醬。

八竿子打不在一起的一群人，默默遵守有趣的潛規則，因應瑞士多語區，每個禮拜有不一樣的語言週，像這禮拜是英文，不小心說德文的只好乖乖掏出摳摳；每個禮拜三是共同打屁時間，相約打乒乓球、喝啤酒；每週有採買值日生，此人必須負責填滿冰箱；想要成為室友還得經過層層面試，集體開會決議。

沙發主艾倫，正在籌備腳踏車快遞的紀錄片。

艾倫說，遊伯恩最好的方式就是沿著河游泳，果然老王就從橋上跳下去了。

　　他們都三十好幾了，問他們想不想住單人公寓？他們見怪不怪地說也有生了小孩一家子還住合租公寓的，或指指陽臺遠方，說那裡也有老人合租公寓，一起住到老。艾倫聽到小孩像吃到大便：「我死都不要和小貝比住在一起！一有小孩我立刻搬出去！」

　　看著他們七嘴八舌吵吵鬧鬧，原本不相識的一群人建立起像家人般的情誼，心底不禁泛起一絲羨慕。工作回家總有一群人陪你閒聊解悶，鬥嘴也比面對黑漆漆的家還要快活，想要獨處的時候關起門來，自己房間就是一隅小天地。合租公寓發揮一把筷子的效益，打破獨居或是組成家庭的生活型態，何嘗不是生活的新選擇？不禁開始幻想老的時候，想要和好朋友住在一起，一起笑對方醜，再一起當潮阿嬤！

　　會有這樣的生活型態，主要是因為在瑞士租房子一輩子都比買房子便宜。

　　瑞士政府高度介入房屋政策，認為擁有居住地是人的基本權利，絕對不能放任房產高度自由，任由資本市場炒作，在瑞士不能漲房租，房東也不能任意收回房子，甚至因為買房子接踵而來的苛稅繁重，大城市地區房價也不是一般年輕人負擔得起，選擇租房子還落得輕鬆愉快。

　　因應租不起房子的公民，政府配套廉價租金房的制度，協助居民渡過難關，規定建商，每一區的房子都必須配有一定比例的廉價租金房，居民混合，才不會有富人區或貧民窟的現象。更有冬天開張的免費旅館，開放無家可歸的人申請免費住宿。

合租公寓的一家人。

什麼都可以共享

　　共享的價值也應用在工作上，身為紀錄片導演的艾倫，帶我們到他工作的地方一探究竟，隱身於廢棄大樓的合租空間，每一個辦公室位子都是獨立影音工作者，共享影音器材、廚房和會議室，誰也不隸屬於誰，每一個人都可以身兼製片、導演、攝影、剪接……多個位置，靈活變通。今天你向政府承包的 case，你是導演我是攝影，下一個我的 project，我是製片你替我剪接。以瑞士小規模製片的市場，精巧靈活才是王道！

　　大到政治決策，小到生活大小事，兩三天的相處卻能強烈感受到生活不一定是競爭個你死我活，而多了點體恤、同理心、共享以及彼此承擔。

　　一年後路過瑞士順道拜訪可愛的合租公寓一家，不僅多了新成員，長得像蒼井優的女孩和愛死粉紅色的嘻哈藝術家，打屁時間也進化成和其他合租公寓一起舉辦的運動會兼趣味競賽，迷你高爾夫大 PK，以及區內各個合租公寓的闖關活動！

　　更令人震驚的是，一年不見，奧立佛和他女友竟然生下一個小貝比，我轉頭回嗆艾倫：「你怎麼還沒搬走啊？」想到一年前他聽到小孩一臉吃到大便樣，艾倫竟然漾起慈父的臉，甜滋滋地說：「有時候我都不知道誰才是小貝比的父親……」

　　我的心臟瞬間漏跳一拍，一臉驚恐地亂想該不會小貝比的爸爸不是奧立佛？只見艾倫老神在在地解釋，因為奧立佛太忙了，合租公寓的大男生都會輪流照顧小孩，導致艾倫有這一層感慨，又見他溜進嬰兒房逗弄小貝比，把小孩丟得老高，暖暖地炫耀著：「這是全世界最可愛的小貝比喔～」

　　沒想到一年不見，合租公寓已經升級變種進化到連小孩都可以共享了。

　　可以想見，小貝比上小學第一篇作文〈我的爸爸〉，開頭大概會這樣說：「其實我有一堆爸爸……」以無奈的口吻鉅細彌遺地描繪各個爸爸古怪又好笑的事蹟吧。

原始人的自由森林

位於捷克與奧地利交界的森林中，沛德、佩芮絲及兩個年幼孩子，住在與建築師朋友共同設計、親手建造的木屋裡，四周圍繞著多種果樹、菜園、大型木製遊樂區域，各處掛著寫了詩句的木板，整個庭院都是能激發靈感的地方。

這對夫妻在結婚前一起當背包客，在世界各地流浪，遊歷南非、美國、偏遠山區……看到許多讓人嘖嘖稱奇，但對當地人來說卻非常自然的生活方式，例如：在寒冷高山上只穿一件薄衣的女孩，家徒四壁卻心靈富足的人們。原來在外人眼中看來缺乏的東西，當地人根本不需要。

五年後沛德和佩芮絲帶著響往的生活回到捷克，買下這棟森林間傾頹的房舍，重新打造土地，創造出最適合自己的模樣。現在沛德是野外生活訓練員，教人如何在森林中生存，進而提升組織、決策、團隊合作能力，佩芮絲則負責照顧家裡所有作物以及帶小孩，一家子過著原始人般的日子。

西方楊過與小龍女

這裡不可思議地沒有冰箱，冷藏食物的地方是老舊的地窖，想要去「冰箱」拿東西還得帶著手電筒呢！需要食材就去庭院摘取，需要用水就去幫浦打水，我倆一天的生活，竟然只需要兩個水桶就能解決！廢水及雨水傍晚都會集中起來灌溉作物，廚餘則分類後做成有機堆肥。原本有些顧慮的戶外茅廁，其實充滿木頭香氣，那來自如廁後撒下一把木屑，能防止蚊蟲及異味，茅廁使用的再生紙能自然分解，這樣的生活幾乎沒有垃圾產生。我們也因此養成不憋尿的好習慣，每天睡前都要輪流衝去廁所，否則半夜去太黑、太冷、太麻煩、太可怕啦！

一開始令人卻步的戶外浴室，後來喜歡它更勝於自己家中氣窗微開的小浴室。每天工作到下午，在最熱的兩三點去洗澡，由太陽決定的微涼水溫，對熱昏頭的我們正剛好！浴室旁邊還有棵果樹伸手就能摘到，光線隨著風吹動林蔭的頻率，在身上緩緩流動著，很美。

佩芮絲與孩子做日光浴

　　佩芮絲每日有計畫地幫我們安排各種農作雜務，這家人生活沒有行程表，當天早晨才交代我們要做的農事，提前一天問她還會稍感困擾，因為隔天的行程要看隔天的感覺，今天還沒決定啊！

　　我們清醒後無須立刻工作，態度悠哉地準備早餐後，花時間寫日記、畫畫、看小姊弟玩樂。太悠哉的後果，就是常錯估日落的速度，盤算：「嗯……那我們避開正午，從三點開始做四個小時，到七點。」但沒網路的我們算不出六點太陽就下山啦！為了做滿約定的四小時，竟然好幾天都得在黑暗中戴著頭燈除草，或在林間摸黑推著單輪車，像準備夜間脫逃的罪犯。

　　而這種蠢事是不會發生在這家人身上的。他們沒在看時間，讓作息順著太陽的規律，早點起來做農事因為太陽最小，太陽正烈的午間就可以休息、玩樂、做瑜珈，或是憑感覺在陰影下做點簡單的農活或小憩一番，日落後澆水、餵羊，工作結束也到了晚餐時間。

　　他們無須跟隨指針，就能自由地生活，擁有各種時間度量工具的我們，卻反而被限制住。到底是掌握了分分秒秒，還是分分秒秒都被限制呢？如果世上所有鐘都因不可抗力因素停擺，能無所畏懼繼續生活著的，大概只有捷克這家人了吧。

　　在這裡打工換宿的兩週，我們才明白，夢想不須是獨立於生活之外的計畫。生活本身，就很值得去想像。

　　我們享受在戶外刷牙，在森林裡的吊椅邊轉圈邊吃晚餐，香氣會自然地流進肺裡，不用費力呼吸、努力過濾。在睡前總覺得好荒唐，怎麼可以這麼自然地接受要打水、沒熱水澡、沒冰箱、沒網路、沒有沖水馬桶的生活，還這麼快樂。

　　知道東西是怎麼來的、用到哪去，感覺非常美妙，原始生活非但不會讓人不耐，反倒是明白了城市生活便利得令人毫無知覺，是件多可怕的事。在城市總有許多無法掌握的空洞，感受不到資源的富足或耗費，只能在發布停水前猛力儲存過多的用水，而在這裡，我們知道自己並不缺乏，也不浪費。

　　剛開始總思索著：「要做什麼才能交換到這麼美妙的生活？」但我們逐漸相信，當找到自己真正的需要後，生活方式跟想去的地方，只要想要就可以達到，只要選擇了就沒什麼原因不行！人生目標不是成功，而是找尋到最適合自己的生活方式以及最好的家人。

星空下的純真年代

我們住在捷克每天睡到自然醒——睡到自然被孩子們叫醒。

不太會說英文的小姊弟，每天早上衝進房屋拉扯棉被，吶喊幾句小抄上的英文單字：「來！玩！追我！」直到佩芮絲帶著笑和一盆水果，領著他們離開。

姊弟倆一日行程除了玩樂、勞作之外，聽故事時間占了大半。佩芮絲、沛德以及來度假的佩芮絲媽媽輪流上陣，聽不懂的我們也總喜歡待在一旁，共享靜謐的家庭時光。

或許是這樣教育，讓姊弟倆有很多元的表述方式。

有次明月高掛，我們跟著佩芮絲穿梭森林，抵達羊群所在的山丘，忽然聽見「噢嗚」幾聲狼叫，我倆大驚失色，開始張望：「這裡有狼嗎？」只見媽媽悠然轉頭，朝屋子的方向狼嚎了幾聲，再笑咪咪地解釋：「那是孩子們，他們只是想確定我在哪，準備要吃晚飯囉。」這是人類的溝通模式嗎？

我們在星空下築起營火閒聊，沛德彈起吉他隨意哼歌，弟弟抱著大吉他，噹噹噹看似認真地在彈奏，姊姊拉著佩芮絲在營火旁跳舞，奶奶也隨樂音搖擺。

我們問沛德，都給孩子說些什麼樣的故事？才知道他們說故事的同時，也是在上課，舉凡語言、數學、地理、歷史……都可以用故事來教。例如：一個螺絲釘去英國旅行，交到了多少新朋友？就是一堂輕鬆的數學加地理課。

他們更期望故事乘載的不只是知識，還有正確的價值觀。

「孩子們最早接受價值觀的來源，就是故事。」沛德說：「當大部分的孩子相信正確的事情，他們長大後的世界，就會自然成為美好的樣子。雖然緩慢，但我相信人們能用說故事，來創造真正適合生活其中的地球。」

他分享自己正在改寫的捷克傳統童話：

一個廚師噎到了，需要水，所有見到的人、動物，竟都不肯立刻幫忙，而要廚師完成他們交付的任務，才「樂意」給他水喝……故事依此發展。沛德沒告訴我們結局，但我們猜想，大略是廚師撐到最後，經歷一趟精采旅程，再一一收取豐厚的報酬吧。

「結局為何不重要，這種就是我想從頭改寫的故事之一。」他笑著說：「我不要孩子們聽這種故事長大，我希望他們長大後創造的世界，是當有人需要幫助時，人們會直接說『好』。」

活潑好動的兩姊弟。

輕鬆生活不是罪過

晚風輕吹，遠處傳來羊隻嘔吐般的好笑叫聲，我們忽然覺得自己像活在繪本裡，跟單純的土播鼠一家談天。

「大家好像習慣角色要有愈大的衝突和苦難，才能獲得愈多，但其實孩子不適合這樣的故事。」映著橘色火光，沛德悠然地說：「現實也是如此，想要的生活也不一定要受苦，輕鬆生活不是罪過。」

簡單的一句話，我們卻像被雷打到！

看著眼前的笑臉，想著自己離開童年後，有過多少這種充滿安全感，活在當下的快樂？長大，見得愈多，就愈被「恐懼感」推著前進：恐懼未知的情況，恐懼錯誤的決定，恐懼落後他人，恐懼成為某人……緊握住擁有的東西，不停下腳步，也不走岔路，最終除了「恐懼感」之外，是否其實一無所有？

「我覺得人活著，可以不需要去競爭、比較、賣弄小心眼，辛苦地要讓自己看起來比別人好。」我們細細思索沛德話中的含意，有時候選擇輕鬆或緩慢的路，並不等於不負責任，當強迫自己照著他人的方法「被磨練」，會不會一抬頭才發現，並不是自己想去的方向？那些掙扎跟辛苦，是真的在累積進步，還是只是害怕失去既有的地位及生活水準？所謂的「自我磨練」沒有一套標準，心靈富足的生活，並不包含在別人的標準下證明自己。

沛德與佩芮絲創造的這座安穩世外小島，並不是沒有受到主流價值的浪濤撼動。

身為野外生存教練的沛德，講起工作帶來的疲憊：「公司要求我準備推銷提案的時間，遠多過準備課程本身，為了表現我們公司比別人酷，卻無法花時間在實質內容上。」

但他們夫妻倆透過旅行，觀覽世界，已經建立起明確的價值觀。他們選定的生活方式，或許在一般人面前，就是窮、退步、一無所有，面對社會框架，他們不想屈服，反而用很軟性的方式堅持著。

地窖冰箱。　　　　　　　　搜集雨水澆花。　　　　　　露天淋浴間。

　　佩芮絲打理家裡及菜園、果樹，讓一家人能近乎自給自足，活在身心健康的環境中；沛德則開始教人怎麼寫童話故事。幾個月前有幸找到贊助廠商，出版一冊創作教學書及故事專輯，佩芮絲手繪的專輯封面活潑溫暖，孩子們也幫忙故事產出。立即改變社會現狀十分困難，但他們選擇把價值傳遞給下一代，讓孩子明白既有的社會狀態並非全部。

　　此刻姐弟倆看起來睏極，沛德進屋拿出毯子，解釋：「他們問能不能睡在火堆旁，我們答應了。」

　　孩子很快就在營火旁的毯子上安穩睡著，亮晃晃的臉頰看來很放鬆溫暖。

　　奶奶就寢前輕聲說：「我在城市中老是睡不好，但這裡空氣清新，想著外面無際的星空，睡眠總非常完美。」

　　過了一會，沛德輕輕地把孩子抱起，告訴我們不用熄火沒關係，晚點它就會自己滅掉。

　　看著他們，我們想不起自己擔憂的來源。

　　我們不受別人的質疑侵擾：「旅行一年有用嗎？回來比別人晚就業一年，旅行經驗放在履歷裡沒人會承認。」眼前就有旅行五年的前輩，因為自在地跳下時間列車，而找尋到最合適自己的美好生活。

　　跟著他們，我們強烈地認識到如何活得既純真又踏實。

　　純真的定義是：「不騙自己，不管別人。」這對父母花時間感受自我，依著本心與自然共同生息，不依賴社會規範的站牌，反而更能穩定前進。

到森林裡撿柴火

　　要離開的那天早上，醒得很早，穿得薄薄的，赤腳攀爬上架高的木頭平台躺著。盯著藍天，看著光移動，感覺到風吹過也不遮掩裙擺，想著果子、平衡木、廣闊原野上的木桌、羊群叫聲、貓咪移動、蜜蜂轉圈、瓢蟲停在身上……想認真地記得這種自由，在這種能用自己步調生活，不比較就能活得很好的地方，待一輩子也沒問題。

　　在一般評量下，屬於「比較好」的我們，變得不想浪費自己的學歷、資質、資源、容貌、青春……一切的「比較好」到頭來反而成了限制，讓我們離不開別人期望的道路，不想讓家人與社會失望的同時，就忘掉了自己。

　　一次次回到車站，總是在此結束與開始。

　　想要按下生活暫停鍵，不需要給誰什麼交代；我們旅行的這一年，也無須去跟誰證明白費與否。

　　美好星空或許遙遠，但我們看見它確實存在。這是身為旅人的幸福，能有這樣的時間跟空間，去感受和找尋著屬於自己的純真。

PART 3

西南歐
NO！荷包不要走

和了37個人結婚

義大利文很多 ni si o ca cia（不安娜諾貼＝晚安），
啊，女的都好美。

來看看我們的
紀錄片。

　　「蝦米！我要和 37 個人結婚？」如果我打越洋電話給我媽，她鐵定淚眼婆娑，喜極而泣，心想滯銷的怪胎女兒竟然有 37 個人要！

　　微光城市（the city of light）是位於義大利中部的人民公社（community），同住一個屋簷下，來自世界各地的 37 個人，各有脾氣毛病，各有夢想，各有故事，每個人都要讓出心裡的一點點自己，才能緊緊聯繫在一起，就像和 37 個人結婚。

　　這次打工換宿不似先前在家庭農場當有機農夫，和蟲蟲搏感情、到森林裡扛原木，直接晉級扛起攝影機協助人民公社拍紀錄片說故事！對方也極有膽識，敢雇用兩枚東方來的黃毛丫頭，遑論我們連一句義大利文也不會說。

　　當車子緩緩駛上山坡，放眼望去盡是枯萎的向日葵花田，綿延起伏像一片枯竭的海，九月豔陽餘威，烤得空氣也暫時停止呼吸。山頂矗立一幢義式碉樓即是我們未來三個禮拜的家。玄關用毛筆膽寫著中國字「靈氣」，蜿蜒的地道向深處探，一進一進的拱廊像食道推向胃，爬滿古老的文字、各式機關，乍看以為誤闖小龍女的古墓。後方廚房煮沸著嬉鬧聲，卻嗅不到半個人影。

　　倏地穿堂眾聲喧嘩，此起彼落的義大利文像海嘯般襲來，復古精靈一個個蹦跳出來，像雕像般精緻的輪廓，衣著波希米亞風混搭印度情調，誤以為回到了古代，一見到兩個倉皇的亞洲人，直接貼上來熱辣地擁抱，一邊熱情地問 suishi（壽司）的做法。我們還不認識大家，大家卻都知道我們，原來我們的加入是召開公民會議一起討論的結果。

中國趴踢 Chinese night，天啊！要做菜給 37 個人吃。 安德烈說這並非臺菜，而是哥斯大黎家＋台灣人＋義大利人的跨國料理。大家都穿得超日式！啊～反正 Made in China ！

1+1 大於 2

人民公社就像一把筷子的力量，一群人共享資源、財產、房子、車子，每一個人帶著自身專業和對未來的憧憬加入人民公社，一個人不能完成的夢想，一群人一起實現。

37 個人，有信仰移動的年輕旅人，過著遊牧般的打工生活，在世界中心尋覓最適合自己的角落，路過這裡，停下來，就不走了；有曾經在職場上叱吒風雲的壯年世代，擁有車子、房子、最美好的物質，心裡卻覺得空空的好像少了什麼，在這裡重新燃起心裡熱熱的、軟軟的、沉甸甸、很踏實的部分。

當有一個地方給你想要的工具，可以肆意探索，就不需要再移動。就像喬安，一位想要擁有動物園的法國年輕女孩，喜歡動物的她很難一個人實現夢想，人民公社協助她一步步從養放山雞開始，生產新鮮健康的雞蛋，輔導養蜂，釀純花蜜，一點點建構天然有機牧場。

生活圍繞著天然、有機、環保、心靈探索打轉，擁有共同生活的初心將這群人凝聚起來。喜歡裁縫的人，設計出能夠和大自然一起呼吸的有機棉衣；想要身體也一起呼吸的人，鑽研天然保養品，讓皮膚也忘記化學的傷害；想讓心靈安頓的人，設立各種工作坊，從戲劇探索、藝術治療、瑜伽、按摩、日本靈修到太極，甚至穿起唐裝教中國風水。一無所有的人亦如我們，人民公社也像所學校，從做志工開始，用勞力換取上課的機會。而人民公社的營收皆來自對外販售的商品和對外開放的工作坊。

每天、每個人都齊心放一塊生活的磚頭，一點一滴打造對於生活的想像。人民公社很像《海賊王》版的功夫學校，每天像在充電也像在創造，信仰當下，因為相信明天可以獲得更美好或相等的美好而不貪心。

快樂的廚房生活總是邊發呆邊看安安忙碌，
每次想著老娘此生不再洗碗時，轉頭跟安安
對到眼，就會立刻認命且開朗地從長桌整理
出更多該洗的廚具。他說廚房工作中，下廚
只占20%，「沒有清潔，就沒有下廚可言。」
他想了一下補充：「沒有橄欖油也是。」

體制睡著了

　　走訪有機菜園，雅妮一身帥氣勁裝搭雨靴，熟練地幹活卻自爆原本的她，其實對
農業一竅不通，初心只是單純地想為土地做點什麼，對比菜園一片綠意盎然，她的執
著很可愛。

　　「有時候我覺得世界睡著了，體制睡著了，心也睡著了，必須打醒自己。自問這
樣對自然有沒有壞處，誠實生活。」雅妮俏皮地自摑嘴巴，想喚醒自己。

　　誠實生活，也包括誠實面對每一口嚥下的食物。廚房裡的每道料理，從披薩到千
層麵，沙拉到甜點，有剛從菜園拔起的新鮮蔬果，或是和附近農家合作，產地直配的
當季食材。哥斯大黎加的型男主廚安德烈，手搖鈴噹提醒大家晚餐時間到了。

　　因為愛上義大利女孩繞過半個地球的安德烈，在心碎失戀後誤打誤撞加入人民公
社，原本只打算待兩個禮拜，卻悄悄變成兩個月，兩個月又延長成兩年。喜歡做菜的
他，掌管人民公社廚房，總願意花數個小時用天然食材熬湯，繁複手工細磨醬料，堅
持不添加人工食品，保留食物純色純味，嚥下的每一口都飽含真誠。

　　別看他一臉嚴肅地做菜，安德烈其實超愛耍寶搶鏡頭，總愛 cue 我們：「照過來！
我有 special 的給你看！」時不時整個人塞在鏡頭前比大力水手的姿勢，害其他人不
是被他擋住，就是只能塞在腋下或探出半顆頭！

採葡萄。

和 37 個人結婚

　　安德烈也在人民公社找到真愛，女朋友是天仙孕婦，麗芙泰勒等級。等一下！在人民公社男女分宿，到底怎麼懷孕的啊？安德烈自爆夏天情侶們會在戶外搭帳篷，冬天可以在靜思空間。缺乏私人空間的確是人民公社令人頭疼的問題，但安德烈直率地一語道破。兩年前的他，其實非常孤僻，只想和自己獨處，但這就是取捨，如果想要擁有無限廣闊的自由，又為何要和 37 個人結婚呢？

　　喬凡娜是人民公社元老級的人物，集合成熟、淡定、瘋子、孩子氣於一身，收放自如，是一個能將廢五金翻轉成性格首飾的藝術家，專注工作的時候金鍊如金子。

　　喬凡娜也笑說十年前每天早上都覺得自己無法和這群人一起吃早餐，十年之後，反而想要和這群人每天一起吃早餐。和 37 個人共處的祕訣其實很簡單：溝通。她永遠不會把話藏在心裡，不會忽視心裡的聲音，從來不會帶著怒氣去睡覺，當天問題如果無法當天解決，小小的憤怒也會淤積在心底而漸漸擴大。

　　喬凡娜和前夫西蒙（也是人民公社一員）老早不在一起，但有一個正值叛逆期的女兒。西蒙現任的女友也懷孕了，彼此卻相安無事，同住一個屋簷下。喬凡娜說：「她從來不會把自己對前夫的觀點移植在孩子身上，爸爸永遠是孩子心裡單純的角色，即使兩人再怎麼不和，都不會破壞孩子對父親的美好想像，或是禁止父女見面做為懲罰。

階梯也要自己蓋。

五金藝術家喬凡娜。

因為經歷吵架、嫉妒、傷痛，決定停止傷害彼此，放彼此自由，有一天會發現自己堅強到能夠無條件為對方感到開心，看到對方找到適合的人，瞬然頓悟愛屋及屋才是愛對方最好的方式。」

喬凡娜也鼓勵孩子離開人民公社出去看看世界，如果他們沒有出去闖過，就不會知道這裡的好；因為痛過、經歷過、愛過、恨過，才會知道從小生長的地方單純美好。

不用貨幣，以物易物

「怎麼大家都消失不見了！」原來大家都到葡萄園採收葡萄。人民公社和附近農家合作，在葡萄或橄欖成熟的季節，一起下田幫忙採收，用勞力換取等值的葡萄汁、醋和橄欖油。當天所有人的工作量即換取一年分的葡萄汁，一種不用貨幣的交換機制。

安伯一邊採收葡萄一邊眼神炯炯地說：「這就是我們的目的啊！嘗試不用貨幣交易，嘗試不再讓自然生病下去，終止暴力解決問題，改變世界！」完全是歐巴馬總統或是星雲法師等級的演說，從他嘴裡說出來卻似真摯地在心裡跑過、濾過、衝突過，醞釀出的堅定。他又接著說：「我們想要改變世界，但首先要改變自己。其實一開始人民公社只是一群朋友，因為有相同生活理念，而選擇合租公寓，住在一起。漸漸地吸引愈多朋友加入，才搬到這幢位於鄉間的大房子。緊密連結彼此的生活理念其實一點也不偉大，只是誠實面對生活每一個環節而已。」

我第一次聽到改變世界之前不是要先賺到人生第一桶金、先搞好人脈、先搞創意讓自己獨一無二，而是先改變自己！改變自己讓自己更真誠，誠實面對自己的美好和黑暗，誠實面對自己喜歡和不喜歡，誠實面對每一口嚥下的食物，誠實面對自然，誠實面對感情，誠實面對身邊至關重要的人。

離開的最後一天，我們的紀錄片在大家面前首映了。看完之後，一個個飛撲過來擁抱，我忽然懂得什麼是成就感，不是今天打敗多少人，不是今天戶頭多了幾個零，或多麼功成名就，而是今天我擁有多少個擁抱。

夜晚的窯烤 pizza 趴。

和另個人的擁抱

　　2014 年冬天，波蘭華沙車站，保持距離的波蘭人讓一切維持一貫的優雅，兩枚東方來的傻女在月台上的長椅上，面對來來往往的下班人潮，哭得撕心裂肺，彷彿電影女主角忽然得知自己罹患癌症末期。

　　其實我們只是想起了小時候。

　　倒帶。華沙的上一個地方是人民公社，心血來潮參加他們開的東方靈修課程，結合西方稱為「家族排列」的戲劇治療。笑看唐裝義大利人，想看他葫蘆裡賣什麼藥，卻一不小心誤闖心底的房間，即便原本就明白每個人的個性其實都源自家庭和生長環境，沒想到課程竟挖掘到潛意識裡，連我們自己都沒注意到的枷鎖。很多時候，個性的養成是出於保護自己，或保護自己至關重要的人。

　　黃賽一直覺得自己是一坨孤芳自賞的屎，很害怕凡事都要賦予意義。一直逃避成為大人心中有為的人，小時候也極不喜歡舉手發言，孤傲、孤僻、很難溝通之外，也以發現全世界絕無僅有、異想天開的觀點為樂。當我沾沾自喜地分享給別人聽的時候，別人泰半聽不懂，或覺得我是怪胎。原本以為自得其樂是自己的原始個性，卻沒有想到根源可以追溯到家庭。

　　小時候賽媽很忙，沒有時間理解我，只要我跟從社會也視為理所當然的人生SOP：念書→念書→好大學→好工作→好老公→生小孩。我經常想要推翻一切、尋找變數，如果屢次抗議無效，就會永遠保持沉默，像冷酷壁紙一樣忽視一切，反而獲得無拘無束的廣闊自由。

　　老王則是黃賽的相反，好笑聒噪，好像世界上沒有一個人會討厭她似的受人歡迎，自小就很會逗長輩開心，人見人暖。進入淺意識，組織起許多兒時記憶，才發現這跟自己原始個性根本不同。名字有個「心」字，是媽媽對老王的期許：貼心。原來從幼稚園開始就把母親的快樂當成自己的責任，記得只有當自己表現突出、逗同事親友開心時，才會脫離生活壓力，表露出欣慰而滿足的神情。就這樣習慣把讓人開心當成責任，擔心

女孩敷的面膜是摩洛哥來的泥土（clay），還能防水。真的是個你相信什麼，大家都會喜歡或一起嘗試的地方。各種怪宗教儀式，再奇怪的事，都會被接納，例如：今天因為月亮而是適合保養皮膚跟頭髮等的一天。

稍微被討厭就會傳進媽媽耳裡；害怕無法讓她驕傲而成為好好小姐，逐漸失去表達真實自我的勇氣。

　　冷酷只是黃賽保護自己的方式，用冷酷拒絕別人的同時，也拒絕了自己。老王也不一定要人見人愛，可以無拘無束地做自己也不需愧疚。和母親相處的方式已經悄然無聲地變成個性的一部分，也默默地變成我們和世界相處的方式。父母給的是禮物，不是負累，端看自己怎麼使用。

　　在人民公社參加的心靈探索課程，像把鉤子，從耳朵勾出糾結在腦裡的心絲，心絲被抽出來，洗一洗，甩一甩，擰乾，曬一曬，過了幾天、幾個禮拜、幾個月，某個機緣下，你再度回想，一連串的前因後果，像貓似的，無聲無息地串接起來。

　　我們在華沙的月台上幡然頓悟。黃賽和老王一起旅行就像照鏡子，有時候我們討厭彼此，其實是討厭內心渴望擁有的部分。一個想要被理解，一個渴望自由。了解關鍵原因，就有機會改變。

畫樹就是畫自己，你的樹會是什麼樣子呢？

面膜配靈氣。

「靈氣」是什麼？

　　人民公社的心靈探索課程很多，彼此環環相扣。

　　初來乍到，安娜麗莎興奮地問我們聽過「靈氣」（reiki）嗎？一臉斷定來自東亞的我們一定會知道，我們卻丈二金剛摸不著頭腦，從此「什麼是靈氣？」變成我們和37個人共同開聊的話題，常常不小心問出許多背後的故事。

　　里奧原本是電腦工程師，和妻子安琪拉長跑十三年。想學占星的他在網路上搜尋到微光城市，不帶期待地攜手來到這裡，就不想走了。賣掉房子，辭掉工作，加入人民公社，透過一連串靈氣課程，和老婆一一拆下彼此的面具，從高中就認識，卻從來沒有發現彼此這麼深的陰暗面。現在他們每天早上協議今天要當朋友還是夫妻；每天都在調整關係，可能今天不想牽手、不想一起吃飯。攤出真實的自己，看對方是否接受。

大家或坐或臥，非常放鬆。

夜晚的天空。　　　　　　　　工作後的夕陽。　　　　　　　路很顛簸，坐卡車後座需要技巧。

　　安伯舉自身為例，在接觸靈氣之前，他經常喉嚨痛。原本看似一般的小病，背後卻有相關連的心理因素。透過靈氣，一點一點地挖掘出藏在潛意識底下的記憶傷痕，心結解開，病也好了。

　　安伯向一臉茫然的我們解釋：「靈氣是身體的能量，乍聽之下很像氣功，沿著身體脊椎分成七個能量中心：脈輪（chakras）。每一個脈輪都有相連的器官和腺體，亦掌管情緒和成長記憶。當器官病了，除了治療外在的症狀，也可透過靈氣挖出潛在心病。」

　　「靈氣」亦和「家族排列」（family constellateion）結合。眾人圍成一個大圈，每個人都可指定在場某個人扮演自己的母親、父親、愛人⋯⋯直覺地喊出心裡想跟對方說的所有負面的話；被指定的人也有權利直覺反射心裡的話。沒有任何預設好的演出，一切都照著能量與直覺走，有時候潛意識已經幫你找到兩人關係的答案，透過遊戲，逼出心裡的話。

　　有時候又像藝術治療。大家或坐或臥，沉思地畫樹，心裡的樹。安伯說：「樹根是來自過去的需求（need），樹幹是當下的行動（action），枝葉、花和果子是未來的投射（project），照耀樹的太陽則是信念（faith）。

畫樹就像在畫自己。有浪漫的樹，抱著肚子彎腰的樹，充滿眼睛的樹，洞穴房子似的樹幹，枝枒卻孤單地乾枯著。透過畫畫而更了解自己。

　　每天早上，人民公社所有人在食堂一起吃早餐的時候，都會給彼此一個大大的擁抱。肢體接觸內心就會麻癢難受的我，一開始其實很抗拒，但到了最後一天，我們離開的時候，一一擁抱大家，突然可以理解，這裡的每個人，因為誠實地面對自己與別人，知道彼此生氣和傷心的故事，而更能釋懷和包容。這或許是為什麼 37 個人能夠緊密連結在一起的原因。擁抱彼此的同時，也在擁抱自己；擁抱自己的悲傷和憤怒，擁抱自己的投射和渴望。

拿著Ipad對狼走!!

　　旅行邁入第五個月，老王在大排長龍的巴賽隆納警局等待報案，不斷希望能回到過去，帥氣扯掉地圖，瞪他正摸索行李的髒手……

　　「不是早就跟你講，來巴賽隆納要特別注意小偷嗎？」在西班牙念書的姐夫說。

　　「聽說巴賽隆納是小偷的度假勝地，因為法律很鬆。」學西班牙文的朋友說。

　　「這個在大城市都很容易發生，本來就要小心。」巴賽隆納警察邊做筆錄邊說：「有的還會故意弄髒你衣服，趁幫你清理時，夥伴扒走財物。」

　　並非我們不聽勸，自以為旅行老鳥而精神鬆懈，實在是旅程拉長，愈覺得陌生人不求回報的善意，是真實存在的。例如：我們到達人們口中宵小猖獗的義大利，火車上乘客為了讓我們能在正確的車站下車，經我們詢問後搶過車票，整臺車交頭接耳，傳閱車票，到站時人們眼神炙熱盯著我倆，微微頷首，告訴我們就是這站了，像啟動革命信號。加上我們用沙發衝浪旅行，基本上就是建立在互相信賴的基礎下，甚至有沙發主打電話，要在家的我們幫他翻出證件、信用卡，報號碼給他。除此之外，剛認識就請我們回家喝咖啡、問個路就載我們去、無法幫我們聯絡上旅館，就讓我們住家裡……故事說不完。愈旅行愈信賴陌生人的我們，大概呈現一臉好逗陣、隨時可攀談的傻樣，因此成為竊賊目標。

超會演扒手二人組

　　當時剛下飛機，我們搭上前往市區的火車，空曠車廂內一對男女緊挨我們坐下，表示自己是當地人，想跟我們分享在地景點。老王順著她的話打開地圖，遮住我們的行李以及男子的手。女子熱情交談，男子心不在焉，我們兩個不安地交換眼神。但想起旅途上的好人們，深怕錯怪這對男女，顯得自己心胸狹隘，於是只敢盯著男子雙臂，確定沒有大到可以取出東西的動作，讓時間耗著。

巴賽隆納的機場。

　　忽然火車停靠，他們快速站起，匆忙下車的同時，男子舉著右手不斷高喊：「四！」女子快速解釋：「再四站就到聖家堂，一定要去看。」我們被他們的荒唐舉動逗樂，因此沒有立即注意到男子左手可能拿著我們的東西。車門一關，老王立刻注意到自己鬆垮的行李，塑膠數字鎖消失，裡面裝著 ipad 和雜物的袋子不見了，瞬間崩潰獅吼！

　　比我們飛歐洲單程機票還貴的 ipad 啊！找資料、寄沙發邀請、聯絡打工換宿、存廉航機票訂單條碼、旅遊照片、小筆記的 ipad 啊！思鄉時聽中文歌、聊天時跟別人分享臺灣圖片的 ipad 啊！

　　「我們共享了多少好與壞，多少頓早餐與晚安，」有如偶像劇看見愛人車禍，腦內瞬間閃過相處時刻跑馬燈，「現在你就要從我的生命中消失了嗎……」

當地街景。

ipad 只能追憶

　　在警局報案完，老王用網路跟爸媽聯繫，竟出乎意料地沒被責備。爸爸對小偷的手法很感興趣：「是用假手。我之前有看過報導，他們一定跟大陸竊賊學的，很厲害。」媽媽也表現得淡然：「發生就發生了，人沒事就好，你知道我們最擔心的是什麼。如果有需要就再買，這個當爸媽投資啦！我們看好你。」

　　怎麼會有這款父母？一無所有都沒關係，有家人就夠啦！但硬不想增加預算的老王，只用手機查資料，偶爾借用黃賽的 ipad 和沙發主的電腦，後來也就習慣了。

　　這與其說是偷竊案，比較像是被騙，即便完全可以指認長相，竊賊卻不害怕。因此事發那陣子，心中總有種恐懼感，覺得對這個奸巧的世界來說，自己太傻、太天真，好想回歸單純善良的田野鄉下。

　　後來認識一對沙發主，他們有錢財被沙發客洗劫一空的經歷，竟然還是繼續接待客人。「我仍然常旅行，仍需要別人的沙發，也有人需要我的啊，這麼好的交流方式，並沒有因此有所改變。」他們回答我們的疑惑，悠然說：「現在就更認真篩選客人，不要同時接待太多個，也把錢收好囉。」

藝廊。　　　　　　　　　路邊巧遇小紅帽。　　　　　冰箱裡的牛。

　　敲響一記警鐘！我們無須改變，只要調整應對方式就行了。因為一件事而自我懷疑，真是想太多。

　　從此我們更認真地把信用卡、護照貼身帶著，證件、現金分散放，並相信直覺：「主動靠過來，過度積極提供非必要協助的人，別有居心。」當然想做的事還是會去做，陌生人的家還是要去，只是把原本鬆散的腦袋收緊一些，生活總是會提醒我們，擁有美好不是理所當然，先明辨界線、保護自己，才能去信賴別人。

　　繞了西班牙一圈後，再次回到巴賽隆納機場，特地回火車站觀望，當然沒有戲劇性地把竊賊逮個正著，卻忽然覺得行李輕了。因為必要的東西都貼身保存，整個行李箱弄丟也沒什麼關係。所有東西都有可能弄丟，對任何事物的依賴，本來就很危險，或許擁有愈多，反而離自由愈遠。

　　旅行總把意料之外的事件撞到生命裡，將包裹渾身的慣性打破，讓人拋棄舊有的，去蕪存菁，像是把加了很多不必要液體的稀咖啡，濾回最純粹、直接、自我真實的樣子。

期待旅途中遇見未知。

紅燈了！野孩雜耍團

都十一月了，西班牙的夏天怎麼還沒結束啊！

烈日直曬雙眼，我們一行人搜尋著秒數最長的紅綠燈。

馬洛拋接球瓶，諾亞彈奏手風琴，踩著單輪車扭曲前進，搭配上尼可拉斯的長笛吹奏，吸引一群單車小跟班。這些孩子誤信馬洛的吹牛：「她們是亞洲來的記者！」於是推派英文代表，結巴又真摯地留下聯絡方式，說如果上報，務必寄一份給他們。

不切實際才是腳踏實地

這三個讓我們拋棄絕美西班牙南部海岸，和他們一起上街賣藝的野男孩，都還是大學生。年紀最長的諾亞正在讀音樂科學，已經完成針灸學位，尼可拉斯學觀光，馬洛則是念數學系。他們共同的目標是增進雜耍技藝，用來維持生活。

比起定點無止境地重複表演，在斑馬線上快閃演出，是他們偏好的賺錢方式。無須費力招攬客人，可以稍微有休息時間，時薪平均也較高，折合臺幣八九百元。用雜耍賺錢看似收入不錯，但過程中身體跟精神的疲憊程度難以言喻，最初跟最後都要保持同樣活力，根本不是常人能辦到的。

直到最後一刻還在練習的他們，一換紅燈就跳上斑馬線表演，失誤就撿起來繼續，趕在綠燈前鞠躬，快速穿梭車陣收錢，再奔回人行道討論下次如何調整。諾亞總氣喘吁吁地亂抓英文想跟我們解釋，往往語音未落就又紅燈了。

我們在一旁用相機記錄下美好瞬間，感動於他們的精采表現，也為失誤緊張。諾亞幾次騎不順，搶時間只好扔在斑馬線上的單車，我們衝去取回，也幫他們拿匆促中來不及收取的錢。

汗流浹背了一個多小時後，竟然賺到約臺幣兩千四百元。不過一頓中餐就被我們狠狠吃掉一半！堅持請我倆吃飯的他們霸占櫃檯，仔細數銅板付帳，每一枚都是來自陌生人的真誠鼓勵。

　　結束後回到野孩共租的空間，這層老舊公寓因他們而充斥著活力與樂聲。除了住一樓的房東太太會從天井朝上怒吼外，鄰居倒是樂於觀賞他們在頂樓練習玩耍的小表演。

　　這群野孩是否就是外人眼中「整天玩鬧的典型西班牙南部人」？我們繞行西班牙旅行，幾乎每個區域都抱怨著大眾對「西班牙人」的刻板印象：開朗熱情、愛曬太陽、喝酒發懶、鬥牛舞……其實都只屬於西班牙南部，甚而想脫離西班牙政府獨立。尤其包含大城市巴賽隆納的加泰隆尼亞區反彈最強烈，因其穩固的經濟實力，不願再多付稅金，支援搞垮西班牙經濟的南部。但我們眼中的南方人，不笨也不懶，只是在一般人的眼中，比較不務正業而已。

　　野孩肯定自我的方式，不來自社會的評價，而是內心對自己的認可。社會眼中的不切實際，對他們來說才是真正的腳踏實地。真感謝今天熱烈掏錢的駕駛，明白這樣蠢蠢的執著跟努力的可貴。

看起來胸有成竹，其實前一秒還在焦慮要表演什麼內容。

停止等待、不討論未來

離開的清晨，拖著行李加快步伐，想起前往紅綠燈那天，跟他們在車上的焦躁與笑鬧，邊唱歌邊想著怎麼表演，看似達成共識，但在最後一刻諾亞轉頭告訴我們：「呃，其實我也不知道計畫是什麼。」讓我們笑岔了氣。結果是場沒有完善準備卻棒透了的表演。

跟著野孩雜耍團生活，像闖入純真的野獸冒險樂園。他們忠於自我地奮力向前，思考的是怎麼讓表演更有趣、哪裡有用雜耍賺錢的空間，而非「用雜耍賺錢長久嗎」、「我可能用雜耍闖出名堂嗎」這種假設性問題。

跟他們相反，我們總花太多時間在準備，卻沒真的行動。如果哪天忽然醒來，這段旅程只是一場夢，我們會珍惜著什麼、後悔著什麼？

現在常常有人佩服我們的勇氣，能這樣漫無章法地旅行，害我們很不好意思。因為我們並不特別強悍，反而只是傻得要命！出發時根本沒想到：「原來有這麼多事要擔心啊！」

計畫永遠無法充足地準備，阻止移動的限制也永遠會在。無論就學中、剛畢業、離職了、有家庭、生小孩……每個階段的旅行都是全然不同的，無法說「現在去比較好」或「這時候去比較壞」。

無知才有開展眼界的機會，我們一步步被遇見的人事往前推，因為遇見佩服的旅人，就吸取他的經驗，繼續往好玩的方向前進。要說我們唯一做到的事，其實只是停止「等待」以及不討論「未來」。

在家中努力彩排。

情欲 西班牙

在西班牙的打工換宿是間青年旅館，恰巧位於聖地牙哥（Santiago），朝聖之路的終點，中古歐洲天主教心中世界的盡頭。隱身於老城巷弄裡，與其說是青旅，感覺比較像學生公寓，充滿凌亂嬉皮感。十三位 helper，往往只有一個客人。現場 live 吉他、放鬆地亂說話跟大笑，派對其實專為自己人而辦，旅館客人很多時候反而比較像是誤闖公寓的路人。

十三個 helper 包括會針灸的以色列籍印度人、英文混亂找腦袋的英國人、永遠像是喝醉酒、臉紅咚咚的俄羅斯人、捷克的青梅竹馬、明明只是放鬆散步但因為走太快而喘不過氣的高䠷艾莎尼亞人，以及每天飄飄然、不用嗑藥也很嗨的西班牙大學生。我們飛來、他們走來、她是回來、他在這工作、他放鬆待著、誰準備回家、有人決定前進……看似沒個正經，卻一股腦兒跌進旅人黑洞裡。

性藥愛收容所

如果因為朝聖之路而以為這裡充滿正面能量，那就大錯特錯了。說白一點，根本是性藥愛欲望收容所。

欲望和調情在空氣裡蔓延，白天小內和安睡得像死屍，晚上卻化身吸血鬼，到 pub 尋找一夜情、性交易，或到暗巷找藥頭子，晝伏夜出。安很像從鄉土劇走出來的人，有種西班牙純天然的海派，看他操著不輪轉的英文把妹顯得荒唐可愛。有時候賽赫也會跟著出手，然而還很嫩的他，常常幾杯龍舌蘭下肚，整個人飄飄然不知神遊到哪裡去，隔天男孩們甚至要去醫院保他。

迪士尼的卡通內褲嗎？

有時候他們會帶回一點大麻。看大家喝著劣質的酒，輪著抽兼發癲，悶騷的男人站到桌子上極嫵媚地扭腰擺臀。瑪麗亞說大麻讓她坐在雲端上，全身無力。詹姆士吸大麻之後是一頭發狂的小獸，整條石板路都是他的時尚伸展臺；小獅子在前頭走，我們頓時化身B咖彭彭和丁滿。

旅館的一切對我們來說實在新奇有趣，我們學習不帶成見地接受眼前的事物。但令我們困惑的是，熱情的距離可以多近或多遠？在西班牙，見面打招呼是左右兩邊貼面、吻臉頰，並同時發出輕吻聲。親暱的擁抱或肢體碰觸就像吃飯喝水一樣稀鬆平常。一開始我們對一切的親暱和調情完全無法招架，分不清楚現在是友好？調情？性暗示？是社交禮儀還是毛手毛腳？擁抱的手不斷往下移、親臉頰不小心歪掉親到脖子是啥意思？有時 gay 詹姆士會出來幫我們擋駕，萬一陷入陌生人調情窘境，詹姆士總化身情侶，作勢親嘴而脫離尷尬。他很像閨蜜又像媽，總是耳提面命，要我們好好保護自己，但他遇到電光石火一瞬間，就可以全部給出去，萬一黃賽和老王其中一人談戀愛的話，他一定會含淚揮手帕外加送上一打保險套。

我們羨慕瑪麗亞，總能泰然應付像海一般的調情攻勢，仍保有自己的本質。俏皮善變地順應各種人。在酒吧玩膩了，就脫隊偷溜到溫暖又沒人的酒吧裡玩益智遊戲，社交技巧收放自如。

大家很愛一起上夜店跳舞，但天天這樣總吃不消，即使拒絕想圖個清靜，卻沒人當一回事。他們不認為「不」是不，反而視為必須更加積極說服，搞得彼此很尷尬，到底怎麼做才能夠舒服地拒絕別人呢？

來到這裡似乎都會變得瘋狂。

不請自來 Happy ending ？

旅途中，黃賽和老王很愛替彼此馬殺雞。看在剛走完朝聖之路而全身疲憊不堪的旅人眼中，是多麼渴求的事，彷彿可以聽到他們心裡咽口水的聲音。如果把旅館改成按摩院的話絕對會大賺。

Y 是背包客棧裡唯一不和我們調情的。從小在以色列集體農場長大，浪跡天涯之後在中國四川習得中醫針灸和推拿術。因緣際會下踏上聖雅各朝聖之路而落腳這裡，不想走了。和他說話完全不用勉強自己，單純分享旅行中有趣的事，有時也不用刻意搭腔。

那天 Y 看我們按摩，反向操作邀請我們，要替我們按摩。身為專業按摩師的 Y 一臉正經八百，我們也不疑有他。看著他把老王帶進小房間，對 Y 一貫地信任也沒想太多。一開始舒緩神經到全身按摩，恰如其分的專業令人放鬆，在收尾的時候 Y 開始親啄王的額頭，滑入身後熊抱，不請自來的馬殺雞 happy ending ？請問這是哪招？老王完全嚇醒了，頭也不回地逃到交誼廳。

老王氣著說：「到底憑什麼覺得我會願意？」想著和 Y 嚴肅或溫馨的談話，完全感受不到任何愛欲，他才是道貌岸然的詐欺獵人！L 偷偷告訴我們，Y 會在半夜溜到她的床邊親吻她的脖子，而且不止一次，令人背脊發涼。

旅行時經常遇到他人會直觀地用他所認定的世界和我們相處，用他們的文化背景、對亞洲女生及世界、生活、友誼的想像，來對待我們。即使我們用相同模式過日子，仍會遇到好多不同的事。這也是世界有趣的地方，因為參與了別人的文化與生活方式而好玩，即使再不可思議、不習慣、不舒服，也覺得新奇而躍躍欲試，卻常常忽略自己的真實感受。真心尊重別人，卻常常忘記自己擁有的個性及文化背景，也同樣應該被尊重。

下次遇到這種人，直接送上兩巴掌，直率地說出不喜歡、不舒服、不想要，堅定自己的立場。每個人都有自己和世界相處的方式，或許需要時間消化，但當下每一刻的你，都有權得到尊重。

自己的心理和身體的感受就是最高指導原則，自由意志下的決定就是決定，不由得人說嘴。

只有兩個人的戶外演唱會。

少來還是老的辣

　　「那個住在山坡上的英國女人啊！」幾乎整個小鎮的居民，都以像是童話故事開場般稱呼喬。喬是住在法國中部的英國女藝術家，我們打工換宿的女主人，有兩個已成家的小孩，六十六歲卻有一個小她二十來歲的義大利候鳥情人。

　　在十二月的寒冷冬天，我們和喬第一次見面，一不小心就融化在她爽朗的笑聲，和深深的擁抱裡。

侯鳥情人

　　是我們把喬的候鳥情人氣走的。我們前腳來，他後腳離去。

　　安頓好我們，晚飯後，喬不熟練地捲起一支皺皺的菸說，她其實很開心我們能來，三個人比一個人不寂寞。她平時不太抽菸，但每次和義大利情人分別時，總會要他留些菸草，保存著一些他的味道。

　　她的情人就像候鳥一樣，會窩在喬身邊幾個月，再飛回溫暖的南方，周而復始。兩年了，每次停留的時間和長度都不一定，而這次的不告而別，是無法忍受喬的心還要多收留兩個非親非故的黃毛小孩。

　　他們是在 HELP X 認識的，剛從英國搬到法國中部小鄉村的喬，很需要人幫忙翻修這棟新購入，沒有浴室、沒有廚房的小屋，而義大利情人則是來應徵的 helper，喬永遠也忘不了，第一次見面的那天，他們在門外站了多久。應門迎面而來的是翻飛的紅髮，和義大利爆炸式的笑臉。他們天南地北地聊，從門口到餐桌，從沙發上到相擁入眠。

　　喬這時竟然小女人俏皮地說：「你們知道什麼是愛情的祕密嗎？就是當你不刻意尋找的時候，真愛會自動來敲門。」即使在法國冷得要飆髒話的冬天，陽光永遠掃不到的那一隅，我還是可以嗅到，微微的、熱呼呼的，義大利爆炸式陽光的味道。

　　第一次分別，彼此不太聯絡，五個月杳無音訊，喬忍不住寫封郵件給他：「十月了，但你不在這兒。」（October, but you are not here.）簡短且押韻，輕巧地流瀉出濃情。星期一寄出的信，星期五收到回音，候鳥情人早準備到訪，打算給個驚喜。

喬跟幾個同為合唱團成員的法國太太，每個月都
會聚會，而每年最後一次，也就是接近聖誕節時，
總喜歡在她家，因為她會準備豐盛的餐點。

　　現在的小屋裡有熱水，有暖氣，有怕喬手會受凍而新裝的洗碗機，是男人趕在冬天以前一步一步完成的。喬總說又回到二十幾歲第一次心動的感覺，她甚至浪漫地想和他擁有一個孩子。已經有兩個大孩子，喬承認自己不是個好母親。上半輩子希望自己從沒生過孩子，而下半輩子則祈望自己能再擁有一個。

　　縱使身邊的摯友多麼不看好這段戀情，喬彷彿吃下定心丸：「人不會花 24 小時開車，跟浪費一堆油資來找一個不在乎的人。」

　　她也總是害怕有一天，她的男人一覺醒來發現，身邊睡著的其實是一個老女人。喬說：「我一點也不像個老女人，我也不覺得自己老，但我的身體告訴我，我已不再年輕。」年輕時可以等更愛自己的人，現在則必須把每一天都當作最後一天似的好好把握。

　　沒有義大利情人的生活裡，喬亦有多位調情對象，僅限於牽手抱抱。你真的很難想像主角是眼前這位頭髮花白，一臉慈祥福態的英國婦人。

　　「有情人還搞曖昧，這樣好嗎？」

　　「我在節食不代表我不能看菜單。」喬回答：「男人有分主菜、配菜、甜點，女人不管幾歲，還是需要愛跟肢體接觸。」

每天早上起來第一件工作，是依當天心情，選一個屬於自己的杯子。喬有各式各樣的茶杯，自製的、朋友送的或搜集來的，每杯都是一個故事。例如：一個長得像香菇的杯子，她說當年英國南部爭執香菇量不足，她自製了大量的香菇杯秤斤賣，只為了開個玩笑。

六十歲的環球旅行

喬和我們都是窮光蛋，她卻像是一株雜草，總能在死胡同裡享受那一點點陽光。

我們甚至懷疑，如果有一天，喬病了，她身體裡不管是細菌、病毒或是癌細胞，都會被她的開朗和毅力，嚇得連夜逃走，而她也因此百毒不侵。

她年輕的時候因為窮，沒錢參加遠在英國西岸好朋友的生日趴，行李一背就用走的，從東岸到西岸，兩個禮拜嘟嘟好是朋友的生日，剛好走到人家門前。

六十歲的時候滑鼠一點，毅然決然買下環球機票，踏上環遊世界之旅。

那時候她還在照顧罹患阿茲海默症的母親，喬放下在巴黎的藝術家生活，飛回英國全心全意照顧她。喬說阿茲海默症患者就像跳針的唱盤，叮、叮、叮叮叮，以天（時、分、秒）遞減，反覆做同樣的事情、問同樣的問題，再怎麼慈悲喜捨的人都會被磨到耐心盡失。四年了，喬卻說那是她最幸福的時光，她第一次和母親的心這麼接近。

有一天，喬不小心被網頁廣告的 slogan 吸引，「你也想棄業脫逃？」滑鼠一點，點開了一年的環球旅行。她曾問過母親，需不需要留下來陪她？母親說，父母這個角色不是用來綁住孩子的，你的人生應該自己負責！

一年以後回到母親身邊，那天在安養院，喬走到母親的輪椅旁，母親像小女孩般瞪著好奇的大眼睛說：「Hey! How are you?」喬繞著輪椅一圈回到原點，母親仍瞪著好奇的大眼睛重複著：「Hey! How are you?」母親不僅忘了喬，記憶的長度已經短得比繞一圈輪椅的時間還少。

環球旅行也花光喬的所有積蓄，之後喬過了一段苦日子，她不僅以車為家，還要天天打電話請朋友幫忙，當時的她很難想像六年後的現在，有自己的屋子、重要的愛人、好的生活。生命中任何事的發生都有原因，不然她不會在這裡。

我們用馬賽克瓷磚拼貼布置廚房，每人負　喬可愛的房子。
責一根柱子。

喬的輕鬆美味人生

　　和喬工作是無聊的大掃除，喬卻會連說帶唱、現場 live 放送她身邊的老故事，像白雪老公主，一併嚇跑你身上的懶惰蟲和瞌睡蟲！

　　工作結束，我們老愛和喬耗在廚房，她總能用一點點食材變出一桌好菜，且從不重複，她的做菜名言：「簡單最棒！」（Simple is the best）單純的做法，卻像是能喚起食物的靈魂，每一口都好似能聽到食物暖暖滑入胃的回音，好比她的檸檬奶油通心粉，炸開的檸檬香，巧妙的香料點睛，竟然燃起我們一股想要品嚐細緻食物的心情，不是加工的食物，也不見得高檔，而是認真地和食物搏感情，很像俏主婦有了日本職人魂。

　　在法國冬天很冷，我們來自亞熱帶的腳，因為凍瘡發紫，腫得像蓮藕，喬不僅用橘子皮熱滷蓮藕腳，並敷上辣椒佐冷凝橄欖油，還送上一堆羊毛襪，以及一雙麂皮靴。喬說她什麼都沒有，但有得是鞋！當喬推心置腹地想幫你，她才不管好不好意思，會把一肚子的好都給你。我們暗自決定，如果有一天，有一點點錢，要買下一家鞋店，空運到法國給她。

　　或許我們心裡都渴望有一個像喬一樣的人，能夠以同等的高度，同寬的視野，理解我們，而真心覺得我們很棒！更甚之，旅途上的我們，都在她身上投射了家與母親的影子。

　　離開後，只要遇到任何不順遂，總會想起喬做蛋糕的樣子，舔舔脣，俏皮地說：「小事一樁，像擠巧克力一樣簡單！」（Easy peasy chocolate squeezy）

　　很難想像我的乳房有一天會出來見人！我可以感受到我的屁屁默默地想念我的內褲，胸罩果然是對女人最有保障的發明。我可以感受到身上每一分細胞因為驚嚇過度而呈現暫時性呆滯，很難想像幾分鐘前我們和沙發主還穿戴整齊，坐在客廳故作姿態地聊著五四三，到底為何會欣然應允全裸這種鳥事？在美得冒泡的巴黎，復古優雅的單身公寓裡，和沙發主一起一絲不掛、坦誠相見五天！

　　倒帶。前一個小時，我們和沙發主 N 還在巴黎公園裡漫漫長談。自以為在演電影《愛在巴黎日落時》（Before Sunset）。聊著法國南部普羅旺斯地區有一個叫黎凡特的小島，島上兩百多名居民，都是信仰空氣日光療法的自然主義者，腦中滿是裸體的人悠哉地在超市閒晃、上郵局辦事的畫面。N 說他回姊姊家會和姊姊一家子一起全裸，享受原始的天倫之樂。腦中飛快地翻轉畫面，想起第一次聽聞密西根女性音樂節（the original women's Woodstock），因為乳癌切除乳房的女人，踩著兩人高的高蹺迎風踏行。心裡迸出一股聲音，西班牙友人解放乳頭的吶喊：「為什麼我們要穿衣服呢？」（why we need cover?）

　　再倒帶。一天以前在巴賽隆納機場，等待轉機巴黎的空擋，第一次寄沙發主的黃賽，洋洋得意地告訴老王沙發主雪片般的回覆，雀屏中選的 N 評價極好，還天真地寄信問 N 之前的沙發客，都拍胸脯掛保證很安全，喜出望外之餘根本沒細看 N 是個裸體主義者，而且不是他裸就好，凡是進家門就要一起裸，新手運果然驚喜連連！

　　舉雙手承認女人不是理性的動物，好奇心吃光所有理智，全裸乍聽之下竟然有如亞馬遜叢林般未知又原始，心底不斷說服自己脫了再說，還異想天開地以為萬一 N 有反應的話，也脫個精光的他，我們一定可以立刻判斷危不危險。

誤闖杯子蛋糕派對。

聖圖安跳蚤市場（Marché aux Puces de Saint-Ouen），好想把整個跳蚤市場都買下來，每一間小店鋪都像一齣舞台劇。

葡萄酒與裸男

春光乍洩，有人只因為單純裸體而抽事後菸的嗎？回到 N 家，儀式性地淨身、裸體，看到活生生的軀體心裡竟然亂癢癢的很有趣，身體的晃動都像慢動作般，下垂的乳房、屁股和陰莖都在重力牽引之下自由地甩動，但眼睛卻要故作端莊，不好意思往下垂，眼角餘光卻又時不時想確認對方陰莖是否勃起，好靈機應變。不知有人在家戴墨鏡的嗎？

瞬間覺得男人真好，因為擁有陰莖而能更誠實地面對欲望。心裡湧起正面能量卻被 N 全裸用膝蓋夾著葡萄酒開瓶的畫面打破了，也太像春宮圖了吧！

還好酒滑下肚身體就像洩氣的皮球一樣鬆鬆的，放鬆地和 N 聊到死法，N 說想要安樂死或做愛的時候心臟病發而亡。他說法國以前有一個總統，肖想長生不老，但祕方是將全身換成羊血以及切除睪丸，因為這樣不能享受性愛而另尋他法。

法國人似乎都沉醉在自己的小宇宙，培養出來的世界邏輯完全沒有頭緒和一致性，生活慵懶自由，卻都活得好好的。像 N 絕不接受因為遲到而生氣的公司，三十八歲就退休了！法國人浪漫不著邊際卻又帶著孩子氣的敏感，連幫助人的方式都非常自我。在地鐵，當我們正暈頭轉向地找路，踩著高跟鞋健步如飛的女人，完全沒有和我們交談，迅速地指了正確的方向，一溜煙就消失在人群裡。

非常有趣的基碑。　　　　　　　　巴黎墓園散步。

　　白天的巴黎像罩著一層濾鏡，陽光灑得城市焦焦黃黃的，襯著紫羅蘭色的屋頂，和秋冬翻飛的金黃落葉，喝空氣也會醉，實在不敢置信再過幾個小時黑夜降臨，我們又要脫個精光。賽和王討論著如果今天沙發主是女的該有多好，我們反而更能坦然解放，暢快聊著麻辣話題。

遲來的解放

　　晚上藉口很冷，裹著毯子、穿著外套。從自以為心臟強大到可以坦率地面對裸，一步步發現自己其實對裸仍感到懼怕，完全把自己暴露於別人的眼光之中絲毫無法隱藏，遮蔽身體的衣服其實也是在保護自尊心。衣服往往是自我投射的美好形象，或許一開始我只是愛上裸這件事給人的突破感，卻無視於裸對內心帶來的衝擊。然而看我們似乎很冷，N貼心地煮紅酒燉糖、橘子、肉桂、薑，像極了熱酒薑母鴨。並在圓形起司中間挖空倒入白酒，放在火上烤，一起沾著麵包吃。

　　二女一男裸體大啖美食的畫面，裱框起來的話就可以掛在奧賽美術館了。因為比利時簽證而得以免費逛遍巴黎各大美術館。每每撞見裸女圖，都像撞見自己。從工筆畫到野獸派，鉛筆素描或油畫，畫家筆下的裸男裸女，似乎都坦然地面對自己，各種窺看和被窺看。面對裸五天了，每天都在練習如何放下自尊心，每天都在消化內心的不安全感，然而當有那麼一瞬間，覺得自己已經把裸當作吃飯、喝水一樣的生活習慣，裸似乎也不再那麼可怕。腦中胡亂作夢，試問為什麼沒有專門拍給女生看的裸體攝影呢？或許是值得一試的點子，在巴黎老舊公寓裡，清晨陽光透過窗簾的一系列裸體攝影！或許心裡已經準備好跨過裸，回家的步伐也輕快起來。

巴黎街景。

　　開門的 N 卻不是先前俏皮的裸男，反而穿戴整齊，一臉嚴肅，他認真地感受到我們的不自在，從我們洗澡會鎖門、穿外套、裹被毯、小心翼翼肢體碰觸，裸是契約，如果我們不願意遵守就請離開。

　　講著心裡的話，這的確超乎我們尺度，每天都在推展男生和女生之間的極限，對騷擾的界線也一一瓦解，端看自己願意給這個人多少尺度，坦誠相見多少。每天、每條神經都在感受、在實驗、在冒險，接受心裡的質問，檢討自己，每一天都在調整和適應，這的確是在臺灣長大的我們一時還無法坦然接受的事。

　　講開了之後，對峙演變成歡樂的三人擁抱，想起 N 近日疼痛無比的腰，擁抱瞬間，也順勢沿著脊椎往下按摩到腰間，N 順勢趴倒，因為總是不小心按到皮帶不舒服，而荒謬地協助脫衣。於是穿著衣服的我們替全裸的 N 全身按摩，畫面怎麼想都很像情欲按摩院。N 像個小男孩般沉沉睡去。

　　明天還是走吧，畢竟我們和 N 裸體共處一室，彼此都無法全然放鬆和自在。

　　但全裸的體驗好像在大海中航行的船，誤入暴風雨，經歷風吹雨打，荒謬地被風雨帶入人跡罕至的峽灣，在清晨風平浪靜的時候，發現從來沒有體驗過的風景。

　　「唉，好可惜！好想在巴黎拍裸照啊！」

　　「對啊，一些裸體塞入滾筒洗衣機，或是從浴缸排水孔爬出裸女的系列！」

黑白的巴黎也一樣浪漫。

巴黎黑炫風

熱情的黑人媽媽尤菈。

「那裡就在我家附近！沒問題，不趕時間吧？跟著我走！」我們在巴黎街頭攤開地圖，竟召喚出非洲小精靈。

穿著清潔隊制服的黑人媽媽尤菈，笑起來有整片非洲陽光，讓人精神為之一振。她主動上前搞懂我們要去的方向，就熱情又強勢地要我們跟著走。

「為什麼大家叫你們黃種人？你們又不黃！」尤菈像快樂的灰姑娘，穿梭巴黎撿拾垃圾，邊爽朗地提出各種疑問。下班後，我們陪著她去接兒子放學，孩子們衝上來包圍尤菈，急著跟她分享今天郊遊的經歷，尤菈邊大笑邊摸摸孩子，好像她是所有人的媽媽。

知道我們當晚沒有規畫好的住處，尤菈爽快邀請我們住下。四個人共同回到窄而昏暗的小套房，衛浴、廚房、床鋪，都擠在三坪左右的空間內。

兒子看起《料理鼠王》，我們喝著熱可可，尤菈開懷表示自己是個很好的廚師，有很多想讓我們嘗試的非洲料理，接著語帶抱歉地說：「我應該要去準備些食材，但是現在手頭比較緊。」我們這才知道她的故事。帶著兒子來上藍帶廚藝學校的尤菈，因無法同時負擔昂貴的學費及生活費，只好放棄學業。她拍拍兒子的頭：「沒關係，我只是調整了我的夢想。」

尤菈努力當最好的主人，不准我們坐在地板上，還想把唯一的雙人床讓出來，我們討論了一陣子，她才同意自己跟兒子睡床。看她認真清掃地板，費力把最好的毯子從衣櫃深處抬出來，我們理解到自己給她造成的壓力很大，是否該現在離開去住旅館？但離開會不會讓她自責招待不周？

「我們不知道明天會發生什麼事，但至少每個今天都能幫助需要的人。」面對我們的歉意，尤菈說：「這是我給兒子的機會教育，在任何時刻跟狀態，都能幫助別人。」

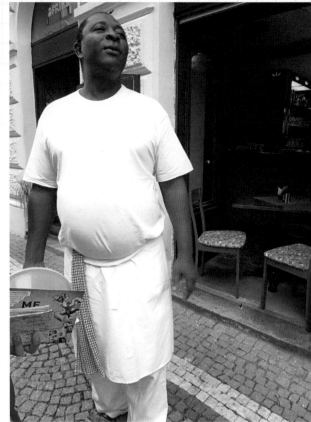

在歐洲遇見的黑人大多樂天又勤奮。

非洲的豔陽

　　在歐洲遇見的黑人，總有各種樂天態度，給我們不同的生活想像。在布拉格開餐廳，舉辦各種交流活動，靠自己建立甘納與捷克國民外交的大廚；健談的餐廳服務生，其實是來爭取奧運參賽權的衣索比亞跑者；年輕高壯的大樓警衛，存錢為了繼續法國美術學院的學位……即便在歐洲的生活毫不輕鬆，帶著夢想的他們，總能把勞苦轉化成動力，咧著白牙開懷大笑。他們身在哪裡，非洲豔陽就在哪裡照耀。

　　早上醒來，從廁所透出的光，看見尤菈在幫兒子燙衣服，兒子努力穿上太貼身的西裝褲，照鏡子被自己帥到的樣子，我們忍不住笑了。

　　離開尤菈家後，經過一間超市，貼著搜集救濟民生物資的海報，在旅途中能多省就多省的我們，進去買包米放入籃子裡。無論跟尤菈或任何人比起來，我們絕對不是需要被幫助的人，能夠付出多少，其實跟擁有多少無關。

PART **4**

北歐
國家地理頻道 3D 版

結凍的海。

　　瑞典打工換宿農場，在一片極美森林裡的小小田地，有愚笨的雞，肥腫、一直在冬眠的兔子，傲嬌的西施犬，以及聰明到可以聽懂各種語言的牧羊犬。

　　每天工作很單純，餵兔子、餵雞、遛狗、打掃、漆房子、煮飯。最期待的莫過於和各國來的怪 helper 一起在白拋拋、幼綿綿的雪地裡玩樂。

　　「砰！」一記雪球正中鼻梁，果然是大鬍子澳洲拳擊手瑞思搞的鬼！頭頂瞬間橫飛雪球一粒，穿著四角褲搭配靴子的法國男迪恩，拿著大鏟子瘋狂追殺德國女孩茱莉亞，卻沒注意到瑞典男孩羅賓暗地裡飛撲；推著推車的十二歲少年米歇爾，準備大幹一場，卻見大家早已玩瘋累趴，正準備相揪進屋喝熱咖啡。農場主人酷媽愛蜜莉笑看一切，順手丟給我們兩個亞熱帶女孩防雪褲、手套、襪子……

　　像蛋白慕斯的雪，隔天就會變得脆脆的，較為扎實，工作完之後互揪一起去蓋雪屋，變成我們最賣力的玩樂時光，搞得比工作還累。搜集雪，堆成一個大雪堆，中間再挖一個大窟窿，雪屋一點一滴完工，夜晚戴著頭燈的我們一個個爬進雪屋。隔著冰雪透著螢光的雪屋，像是一個會發光的子宮，我們像爬回母體的嬰孩。

　　無論如何都想在自己蓋的雪屋睡一晚，五個小屁孩前胸貼後背地擠著，即使層層睡袋包裹，寒氣仍透到骨子裡，簡直是冷凍庫，哈出的熱氣讓冰屋一點一點融化，時不時落下小水滴，冷得直打哆嗦，睡不著覺。

　　隔天就把自己送進桑拿火烤，原木房裡透著木頭清香，在軟石做的爐子裡燒著樺木，溼漉的蒸汽夾帶攀升的熱氣，瞬間覺得自己是解凍的肉、蒸騰的包子或是火烤土窯雞。身體像自轉的鍋爐會冒煙，毛孔啵啵啵地張開了，汗滴在腳邊匯聚成小水窪，好想毫無顧忌地脫掉內衣。

　　大夥兒談論到傳統桑拿是全裸，瑞思提議為何不裸？茱莉亞思忖半秒帥氣地脫掉內衣，我也不加思索地跟進，和交心的朋友一起裸，反而沒有什麼顧忌。夾帶餘熱衝出雪地裸奔，原本以為是一場硬戰，實際體會卻像涼爽的秋天一樣透心涼，把臉埋進雪地裡，在草地翻滾，仰望星空，心裡只有無限的爽！

砍柴小訣竅：絕不能吃太飽。手順勢滑下，三角形站姿，想著討厭的自己。

拿著斧頭到森林砍柴，將大樹幹拖回倉庫陰乾，再把去年冬天的乾柴拿出來劈開。

在北歐的森林裡，見一眼麋鹿是大家共同的白日夢。

傍晚正好是麋鹿出來覓食的時候，一群人在森林裡自以為專業地鑑定各種雪地裡的腳印，小心翼翼地往像珊瑚般的紅矮林深處推進，然而一直被雪絆倒或一群人跌到薄冰水窪裡，想像麋鹿本人應該躲在暗處，啃著蘋果，翻著白眼，覺得人類是世界上最荒唐的動物。

蛋的衝擊

在雞舍裡總會撿到新鮮的雞蛋，出於好奇問艾蜜莉要怎麼分辨蛋有無受精，艾蜜莉直接把蛋打到碗裡，清澈的蛋白，鮮黃的蛋黃中間是兩個帶有血絲的暗紅點。「是雙胞胎耶！你看蛋黃中間的兩個紅點，那就是蛋的胚胎，是有受精的蛋。」我腦袋一片空白，只因為自己好奇，兩條命就掰了。

從在媽媽肚子裡開始就不吃肉，吃素只是習慣，心裡也沒有什麼大道理，非常愛吃蛋的我，第一次有意識地質疑這件事，心裡很矛盾。

想到艾蜜莉的兒子羅賓，因為理解市場生產肉的僵化、宰殺動物的不人道，他不吃超級市場買來的肉，只吃自己打獵來的。怪異行為之下擁有自己的處事原則，或許在找到原則之前黃賽和老王決定先不吃蛋吧？

然而餐桌上時不時還是會出現蛋料理，好比鬆餅。小鬼頭米歇爾總愛調侃，「待會兒鬆餅就會長出雞。」農場其他人都極力說服我們吃蛋，「胚胎就像種子，發芽才算生命的開始」、「植物也有情感和生命，所以你吃了很多條命」、「這裡的雞都不打預防針，比外面工廠的雞蛋健康得多」。話題甚至扯到宗教堅持的荒謬，我們不知道怎麼反駁。

老王強顏歡笑，剷雪其實超級累。

小鬼頭米歇爾（左）。

　　瑞思很帥地跳出來為我們辯解：「你們可以理解嗎？或許在你們主觀意識裡這兩個女孩看起來很愚蠢，但請尊重她們的決定，每個人都有自己和世界共處的原則，可能不夠成熟，可能還在消化，但都是這個人在這一刻下的決定，不能理解也請尊重，尊重她們消化的時間，尊重她們過得去、過不去的點。」

　　大魚大肉的瑞思或許根本不認同不吃蛋這件事，卻一點也不想改變我們。心裡感到溫暖，似乎不用再為自己的不同而感到焦慮和害怕。下次小鬼頭米歇爾指著我們做的巧克力蛋糕說：「你們的蛋糕很噁心，需要放蛋。」我們反而能夠開朗地大笑，畢竟他說的也是真話。

茱莉亞的煩惱

　　待在這裡所有怪異的行為、荒謬的想法，反而都會被當一回事看待。吃飯的時候話題無限延展，討論著想要飛還是急速移動？想要變成空氣還是水？那如果是水鳥和飛魚呢？好像腦筋在做伸展操。尤其是才十九歲的德國女孩茱莉亞，對未來的生活總有無限想像，當她真心地提出質問，沒有人覺得她蠢。她一直渴望成為有用的人，總說自己是家裡最小的一個，在愛護中長大，十九歲發現自己什麼都不會，才開始打工換宿旅行，下一站想去南美洲闖闖。然而她明明超級厲害，從砍柴、扛原木、生火、蓋冰屋，各種雜事都有她的巧思。她有一本親手用原木做的筆記本，裡面寫滿在旅途中搜集的人生食譜。

　　茱莉亞就像從山上漂流下來的原木，很原始，很單純，經歷小溪小河卻又對大海充滿好奇。難怪瑞思這麼愛她，兩個人似乎有說不完的話，一點一滴從朋友到相愛。

積雪不夠深，無法做出愛斯基摩人等級的地窖式雪屋，住在那樣的雪屋才不會冷。

進擊的老王！蓋雪屋那麼辛苦，卻一腳就破壞掉了。

　　聽瑞思和茱莉亞聊天很像在聽 ICRT 廣播實境秀。自然地分享生活小事、一起創作俏皮的歌詞，或一起玩照樣造句。瑞思有時候會教茱莉亞口琴，或聽茱莉亞練口琴的聲音。兩個人既契合又充滿想像力，會挑戰彼此吃水槽裡的菜渣，或偷溜到森林裡爬上幾層樓高的電塔。

　　離瑞思要離開農場的時間愈來愈接近。他即將一路南下到義大利。最後一個晚上，大家圍坐在營火邊，以歡送瑞思為名義，其實只是平淡地閒聊著生活。討論著如果上月球只有一樣東西可以帶，會帶什麼？有人帶種子，有人會帶書，有人會帶望遠鏡，以及閒聊著彼此十年後的樣子，心裡酸酸的，或許從今以後，可以和我們一起做白痴夢以及包容彼此笨蛋行徑的朋友將一個個離開。

　　果然過沒幾天，茱莉亞就勇敢追愛去了，和瑞思一路瘋狂搭便車往羅馬前進。

瑞思跟茱莉亞（老王是電燈泡）。

酷媽艾蜜莉，快樂地接受任何意見，自我地活著，卻又不影響別人。

在瑞典農場，我們是一群各國來的怪小孩，連動物都傲嬌、各有脾氣，然而酷媽艾蜜莉，卻能夠泰然應付，總能開放接納我們怪異的天馬行空。喜歡她恍然大悟地竊笑，不太像是認同，比較像是「噢～原來你是用這種角度剖析事情」，真實又自我，把我們打理好，就自在地消失。

喜歡花草的她，夏天會到森林裡採集香菇或野生藥草，拿到市場去賣維生，總說每一棵種子都有自己的需求和活著的方式。

率性的她，結婚的誓詞竟然是：「Well，我們走著瞧。」欣然接受老公拿路邊花草當戒指。和光頭老公馬帝一起叼煙閒聊的樣子像極了曾經浪跡天涯的鴛鴦大盜，如今金盆洗手，在森林深處隱居。

兩夫妻都擁有自己的臥室，艾蜜莉說：「當你知道你擁有關上門的自我空間，就會讓你選擇打開門！」擁有選擇權很重要，他們仍非常喜歡拜訪對方！

酷媽與他的兩個怪孩子

他的兒子羅賓，小時候是學校眼中的問題兒童，因為和老師、同學不合，會爬到升旗桿頂端，把自己和地面隔離，被 call 到學校的艾蜜莉，反而不責怪小羅賓，而是盡量站在小羅賓的角度理解他的心情。他兒子甚至因為好奇椅子的結構，把腳纏繞在椅柱裡痛到大哭，艾蜜莉必須請電鋸工人把椅子鋸開，小羅賓才能解脫。即使眾人眼中兒子的行為非常怪異，艾蜜莉都會試著去理解兒子異於常人的原因，因為理解而知道怎樣的學習方式最適合兒子。

今年二十四歲的羅賓，在我們眼中是一個對很多事情都有獨到見解的人，非常有才華，有興趣的事情就會全力以赴去嘗試，在他眼中似乎沒有不能、不夠、不敢或後悔的事，很難相信小時候的他是艾蜜莉口中的怪孩子。

瑞典的夜空。

雪地遛狗。

　　姊姊茱蒂和羅賓恰恰相反。從小品學兼優，人見人愛，做事有條不紊，卻不太會透露內心的想法。十五歲的某一天，茱蒂內心的不安分炸開了，她反常地把自己鎖在房間，盡己所能地砸爛、撕毀、搗亂房間。有一天，她宣洩夠了，打開門告訴艾蜜莉，她想離家出走不再回來，從此不管就學或工作，茱蒂都選擇異地城市而不留在家鄉，隨著茱蒂漸漸長大成熟，母女關係才漸漸好轉。在艾蜜莉眼中，茱蒂其實在找自己，在宣洩心裡一直被壓抑的部分。

　　有一天，茱蒂帶了一個女朋友回來。茱蒂之前都是交男朋友，她的女朋友更是訂了婚，有未婚夫的。茱蒂和女朋友因為工作而結識，漸漸熟捻、親暱，從來沒有過的心靈契合，像是缺角的圓找到失落的一角，兩人才發現這是愛情。問艾蜜莉，身為一個母親怎麼想，她說有過掙扎，但是艾蜜莉內心知道，她現在所面臨的掙扎和徬徨，也是女兒內心曾經有過的衝突。見到女兒的女朋友第一眼，就知道女兒找到了她心裡失落的那一塊，無條件為女兒感到開心。

酷媽的怪理論

　　艾蜜莉是農場唯一理性的存在，然而常常一本正經地提出荒謬的理論。

　　「冰淇淋是最健康的食物！」（心靈上的？）

　　「為了看極光乞求天氣晴朗的方式是，屁股扭扭大跳極光舞！」（之後在冰島我們真的胡亂跳了，有用）

　　「直覺是可以訓練的，去馬路邊練習猜測下一臺車是什麼顏色！」（荒謬地變成之後搭便車的小遊戲）

　　艾蜜莉好像從原古部落走出來的女酋長，生活裡擁有多個面向的她，每一個都是真實的自我。

戶頭踌雲的清新生活

飛機飛越蒼白雪地，靠近首都機場，雷克雅維克從高空看像塊生鏽的銅片。

在臺灣攝氏八度的冬天，就覺得冷到世界末日的我們，渾身塞滿冬衣，但踏出機場簡直熱爆，戶外明明攝氏五度，卻只需一件毛衣加防風外套就足夠了。

坐上前往市區的巴士，窗外大片刷白的景色中，第一個聽見的冰島歌曲，不是來自空靈的碧玉，而是前座的饒舌小妹。我們邊打節拍，邊想想對冰島的認識。當初為了看極光而來，訂完機票，就被打工換宿主瑞典一家人笑。媽媽艾蜜莉說：「幹嘛去冰島，極光應該要去挪威看啊，冰島整個很平坦欸！」兒子羅賓說：「冰島很無聊欸！那裡就是夜店島啊。」在腦海中充滿精靈的冰火共生國度，竟然被說是平坦無聊、充斥夜店？

破產島的美好

抵達雷克雅維克，與其說是城市，倒比較像是以自然景觀知名的小鎮。近乎觸手可及的雪山與海水，隨意轉頭都會瞬間忘了呼吸，這是廣告看板嗎？美得太不寫實了！我們前往拜訪沙發主人賽巴斯丁及約瑟夫，途中觀察物價，雖然跟破產危機之時相較，現在物價回穩了，卻仍是令人眉毛高抬的昂貴，從我們一路逛來的紅十字會商店看來，法國賣臺幣一百多元的毛衣，這裡要近千元……窮旅人怎麼生活！

逐漸昏暗的天色中，街景變得好戲劇化，粉紅色路燈，家燈是很濃的黃色、綠色、橘色，兩個旅人拖著行李，像走在舞臺上，抵達法國人及義大利人共居的公寓。

他們已經在冰島定居超過十年，會待下來的原因很簡單，因為冰島單純、乾淨、美麗，以及人的關係很平等。例如：老闆不是「上司」，他交辦的案子不會過問太多細節；名人被當成一般人看待，知名的後搖滾樂團 Sigur Rós 團員跟他們住在同條街上，但沒人會刻意去打擾，而是自然地讓他跟普通人一樣過生活。

看他們悠然自得的模樣，不禁好奇深植在我們腦海中的破產島印象，是否已消逝得不著痕跡？我們好奇冰島破產時他們的感受，是不是外國人受到的影響較小，他們當初才沒有逃走，篤定地留在冰島？

跌倒也是一種藝術。

「到事情發生的前一天，我們都還是很平常地過日子，隔天醒來，」約瑟夫忽然睜大眼睛：「睜眼，帳戶變零元了！」

所謂的冰島破產，是 2008 年時受金融海嘯影響，冰島銀行因私人借貸過多，國家無力紓困，三大銀行三日內倒閉，很多人失去一生積蓄或失業，紙鈔成為沒價值的紙片。他們說保住工作的自己還算幸運，至少能繼續賺錢。

政府很快開始實施嚴格的資本管制，不讓島內資本外流：不能買外幣、外國債券，如果沒有特殊證明，旅遊不給換匯，換了也有嚴格的金額限制。即便賽巴斯丁及約瑟夫是外國籍，依舊要遵守法令，回祖國會被限制花費金額。賽巴斯丁說就算變賣公寓及所有資產，想回法國買屋也是不可能的，因為冰島貨幣不能在他國置產。

「但我也沒有要搬回法國的打算。」經濟總算回穩的現在，賽巴斯丁一派輕鬆：「我還是很享受冰島純淨的水、自然景色。這兩週每隔幾天就能看見北極光呢，每次放射的方式都不一樣喔！」

天堂離家這麼近

隔天約瑟夫帶我們到附近觀光，車一離開城市，就立刻進入國家地理頻道。

雪山景色好可口，是融化的瑞士巧克力冰淇淋、撒滿糖霜的提拉米蘇、巧克力奶酥蛋糕。我們經過藍綠色湖泊，抵達地表銅黃、煙霧瀰漫的天然地熱區，美到像在外太空的星球上。我們徒步前往臨海的懸崖，用安全姿勢趴臥懸崖邊，眺望好幾群冰島鳥隨海波漂浮。奇妙的地質，像踏在花椰菜上行走。真想要有個模擬箱，把一切複製回臺灣，讓親友體驗在強風及低溫中，一半用走一半用飛，看見絕世美景由遠而近的雀躍。因為背景太美，我們只是隨意趴著，就像在拍戶外用品廣告。

美景俯拾即是。

遇到冰島萬聖節：Ash Day（灰爐日）。一開始誤聽成 Ass Day（屁股日）的我們，跟著裝扮怪異的孩子們拜訪店家，連美術館、銀行、圖書館都有準備糖果。他們唱傳統歌曲，我們亂唱「咚咚隆咚鏘」喜洋洋過年歌，也獲得一些同情甘草糖。但我們根本不喜歡北歐人愛的甘草糖，就算是混在巧克力裡的還是一樣難吃。

　　歸程忽然可以理解羅賓口中的「無聊」，因為在冰島，你車子一直開一直開，窗外除了風景外什麼都沒有。像一上車就自動播放沒有音樂、旁白的 3D 地理影片，我們卻被催眠似的盯著不放。

　　能這樣從住處開車十分鐘就進入另個世界，我們不禁感嘆：「天堂就在離家這麼近的地方真好！」這樣讓人沉醉的環境，窮人與富人都能無限期地共同享受，回想剛踏上冰島時，讓我們驚叫連連的物價，只能說：「不貴、不貴，ＣＰ值超高啦！」

　　「現在你們應該可以理解，為什麼我們會想待在冰島了吧？」約瑟夫笑著回應我們的感嘆。或許經歷金融危機之後，留在冰島的人看得更清楚，戶頭裡只要足夠生活就好，生命中真正永恆而重要的資產，其實都存在戶外。

藍湖溫泉像奇異的極樂世界，所有人踏進來就會忘卻煩惱地相愛，在蒸騰煙霧中成對的愛侶，不論年紀地熱吻、相擁、如膠似漆。我們仿佛在參觀露天旅館，漂到哪都是電燈泡。

南島公路電影

老王做的極光眼鏡。

在冰島因為冬天暴風雪不適合搭便車，我們就在沙發衝浪網站 PO 文找人租車共乘，不小心認識了美國考古學家強尼（Johney boy）以及法國爆炸鬍子男，咚咚。

強尼自告奮勇當整趟旅程的駕駛，他的興趣竟然是開飛機，夢想是租飛機俯瞰每個旅行過的地方。剛拿到私人駕駛執照的他，一口答應要帶我們租私人飛機繞冰島上空，沒想到因為暴風雪的關係，原本打算去機場場勘的強尼，不等我們就先租飛機自己飛了……差一點就搭到便機。

而法國咚咚完全是另外一種類型，光頭、爆炸鬍子，我們常常好奇他茂密的鬍子內是否藏了很多菜渣？或是要如何有技巧地點菸卻不會把鬍子點著？

咚咚是非常腳踏實地的人，因為他最喜歡的旅遊方式是用走的，可以從法國他家門口一路走到歐洲的最西端，背著背包以一種散步的心情，累的時候就停下來發呆看風景，好奇的時候和當地人說話，走不動了就搭便車。他的語氣裡不帶一絲誇耀，而是眼睛閃閃發亮像小男孩一樣，堅定地介紹自己珍視的寶物。即使錢少少的，擁有的少少的，卻很容易為眼前的東西或擁有的感到滿足，從不失去好奇心。

這個把整個歐洲當自家社區散步的怪胎，也是十八般武藝樣樣精通的手作達人，巧手能變出有趣的玩意兒。愛曬太陽的他，夢想是蓋一間 360 度會追著太陽轉的房子。旅行對咚咚來說即是生活，他會在一地賺飽錢，再到下一地流浪。他旅行不是為了充電，不是為了回家，沒有要出書或拍美照，而是單純感受當下。

咚咚跟我們講了一個荒謬的故事，有兩個法國年輕人，想要體驗從無到有的旅行，決定不帶一毛錢、不帶任何裝備，全身裸體就上路。一開始，他們在森林裡找落葉樹枝遮掩身體，用樹幹做獨木舟順流而下，遇到鄉村小戶就敲門，詢問有沒有工作可以做，藉此換取衣服和食物。有了第一件衣服就可以交換第二件，隨便亂搭，導致身上的穿搭都很幽默。他們一路搭便車衝到倫敦，因為太想去冰島看極光，於是決定到私人機場，在跑道全裸，舉大看板，希望可以搭便機。在機場努力四天，終於有飛機駕

海岸邊的廢鐵溜滑梯。

駛覺得他們太好笑而願意載他們。兩枚瘋子把旅行的影片上傳到網路，做成影集，雖然是聽不懂的法文，還是會看得樂呵呵。這則神話被我們供奉在心底，醞釀成以後在巴爾幹自以為熱血地搭便車的大禍。

　　到底正經八百的美國強尼，配上法國遊牧嬉皮，外加兩枚臺灣怪女，會迸出什麼光怪陸離的冰島公路之旅？

黑海岸

　　冰島就像冬天覆雪的火星表面，或是撒著糖霜的提拉米蘇。從窗前飛過的小村子都像寂寞的人，溫暖而安靜地依偎著地心的火。連冰島小馬也在寒風中挺立並排著，彼此依偎一起挺過寒冷的冬天。

車窗外的風景都美得像國家地理雜誌封面，然而實際下車才懂人間疾苦。我們來到黑海岸，咚咚一打開門，強勁的海風襲捲，車門差點被吹走，咚咚還來不及縮手，手上的地圖已在風中碎成千千萬萬片。黃賽哀嚎，畢竟上面寫滿沿路搜集來的私人祕密景點。風強勁到幾乎可以躺在風中，還得不斷忍受風中夾雜的小碎石襲擊。原本是壯麗史詩片開場，變成四人荒謬地在礫石灘上尋找碎屍萬段的地圖。咚咚就在遠處大喊：「這裡有一小片，而且是有 tips 的！」

冰河湖（Jökulsárlón）、冰塊海灘

在冰島遇見冰河就像臺灣人隨便走走就會到海邊一樣。不時還會有探頭探腦像傻子一般的可愛海豹。冰河湖裡漂浮著悠哉的浮冰，閃著各種色澤、充滿空氣泡泡的是年輕的浮冰，反射藍光的則是受過千年冰川擠壓的浮冰，天山童姥級。浮冰會順著河流，流向大海，再被浪打回海灘。

在冰島沿著公路前進，奇異地貌輕鬆到達。

很有個性的大鬍子光頭：咚咚。

「溫」泉

四個人湊著研究只剩一小片的地圖，趁太陽還未下山之際，滿心期待前往傳說中的天然溫泉祕境，記得沙發主賽巴斯丁拍胸脯保證絕對值得。跌跌撞撞沿著乾枯的河谷跋山涉水一小段路，以為迷路了，還好巧遇剛泡完溫泉的兩女，替我們指路，一邊稱讚：「溫泉還不錯喔！雖然不太溫暖，但比想像中的好！」

抵達之後發現，是挨在山壁旁的廢棄游泳池，遠方雜草堆裡有一座像囚房般的廢墟，走近一看原來是更衣室。興奮地跳下水才發現水超冷！整個游泳池只有一條沿著山壁的管子輸送熱水，又剛好是急速降溫的傍晚，溫泉超不熱！我們應該要聽出兩女的暗示。四個人擠在唯一的熱點：管子邊。尤其是正對管子口的 VIP 黃金地段特別搶手。原本準備爽喝的啤酒也迅速乾完，轉為接熱水往身上倒。沒有人想要挑戰偌大的泳池，稍微游出一公尺以外就會冷得牙齒一直打顫。細看坐擁山谷晚霞的廢墟泳池其實超美，很適合拍海尼根廣告。

因為暴風雪將至，我們沒有完成環島，悠悠然然地沿原路折返。因為一兩天相處而建立像老朋友一般的情誼。對同一片風景發呆，而有不同的感悟。我們會為不同的事情生氣，為相同的事情傷心，在不同的人身上看到相同的影子，或接受不可預期的撞擊，那些來自生長方式孕育出來的觀點，會哭會笑會生氣，這也許就是世界有趣的地方。

免費校車玩樂課

重聽先生。

　　一路上遇到太多荒誕而奇異的旅人，我們很難對未知的冒險抱持任何浪漫的幻想。好比在農場遇到的兩個丹麥大男孩，一心想走陸路、搭便船，抵達印尼附近的巴布紐新幾內亞，只為了看一眼傳說中的食人族；或是在瑞典農場認識勇敢追愛的茱莉亞，目前正和瑞思一路搭便車穿越阿爾卑斯山到羅馬。

　　也或許因為對安逸的旅行方式感到厭煩。從網路查旅行資料，透過青年旅館、沙發衝浪、打工換宿，所能認識到、接觸到的，幾乎都能精準預測和掌握，這樣的我們還在旅行嗎？這樣的旅行是否變成一種穩當的重複？有如上班似的疲倦與煩膩席捲而來，開始對未知的搭便車感到好奇。不只想要認識會使用網路、眼界早已打開、英文能力佳的朋友，也厭倦了「觀光客」群體面對「商人」的模式，更想認識那些純粹只是在當地生活的人。

　　搭便車的種子不斷在我們心中醞釀，甚至考慮成為以後的主要交通方式。行動之前搜集資料的策略之一就是昭告眾人，不怕丟臉地丟出任何荒謬天真的想法和目的，一路上所遇到的人反而會七嘴八舌地提供意見。

　　在冰島，原本所有人都不建議冬天搭便車，畢竟萬一遇到暴風雪就等著在荒郊野外冷死。然而住在當地的船長爺爺卻不這麼認為，他說只要天氣好，短短的半天嘗試又何妨，幅員遼闊但人煙稀少的冰島，大家其實很願意載搭便車的人一乘，還幫我們規畫行程。

　　反正太陽正好，心情正爽，我們決定帶著郊遊的心情，一路沿海岸搭便車到冰島北端的歐拉夫斯菲厄澤。第一臺車是看似即將解體的老爺車，以一種漫不經心的速度停在我們前方，車主是個重聽的可愛老人，我們丟給他的問題都像在和空氣對話，他似乎也不太在乎我們要去哪，只是簡略看了地圖上的地名，就沉浸在自己的世界裡愉快地開車前行，我們一度懷疑如果有麋鹿或狗，他都會停下來讓他們搭便車。

　　我們也不小心搭到校車，一路到小學參加小朋友禮拜五的最後一堂課，玩樂課！

可愛的孩子。

我們一開始只是趴在窗戶偷看，被老師熱情地邀請進來同樂。小孩子像猴子般不停搔首弄姿，只想吸引我們的注意力。幫女孩綁頭髮，和男孩追趕跑跳、拿地球儀來看彼此在哪裡。離開的時候，所有人乖乖排隊站好唱歡送歌，外加集體跪拜，像懇求大王一樣，希望我們不要離開。「我們愛你們，別走！」

還有中午趕著回工廠上班的爸爸，最後演變成帶我們參觀塑膠魚箱工廠。替我們戴上透明防護罩眼鏡，講解固體的魚箱其實是從粉開始製成，熔成熱漿，再凝固成現在的樣子；好像在看小型威力旺卡巧克力工廠。爸爸還說，別看小鎮現在像鬼鎮，夏天可熱鬧了。每年八月的第二個週末有盛大的魚季，很多人會來達爾維克逛大街，大吃大喝，家家戶戶都準備大鍋獨門魚湯供遊客免費品嚐。

回來的路上巧遇也豎起大拇指搭便車的冰島高中生。他異常苦惱地解釋自己一直攔不到車。我們也沒多想，一口答應一起攔車，殊不知十分鐘就攔到了，或許大家都特別好奇兩個東亞女孩外加冰島當地人的荒謬組合。

關於北海岸到底多美，我們的確必須要靠照片才記得起當時的感動，然而那些用自己真實的樣子、不同的個性、自在的步調，創造屬於自己的獨特故事，卻永遠鐫刻在心中。

公路景觀。

追到極光、卻困在雪山

　　我們在大霧的暴風雪中搭夜間巴士北上，抵達冰島的第二大城阿克雷里（Akureyri）。根據北極光預報網站，我們準備隔天下午到最北端一無所有的小鎮，待三天放空等極光，進行「撒錢追光之旅」，因為沒看到就回家不甘心啊。

　　正要訂房，忽然接到一個船長兼賞鯨導遊的訊息，他回覆黃賽很久以前寄出的沙發請求，歡迎我們。船長評價無庸置疑地好，但我們一心想著極光，便拒絕他的邀請。

　　沒想到，「我家是看北極光的完美地點。」船長迅速回應：「我正好在阿克雷里辦事，可以順路載你們回去。」

隨手可得的美好

　　「你們很幸運，這是好幾個月來第一個大晴天。」船長打開車頂天窗說：「看極光應該沒問題。」這太幸運了吧，我們在哪裡，吉光照哪裡啦！

　　船長住的地方是很有格調的半廢棄小漁村，整個村落只有兩條路，大多房舍都成為度假小屋，目前居民不到五十人。村中有座廢棄的魚乾、魚油工廠，現在出租，要轉成藝術家工作室。港邊擺置巨大的鯨魚骨頭，還有個露天鐵鋁桶浴缸，船長有時會過來邊泡天然地熱溫泉邊看極光。

　　回家吃完亂煮的臺式料理後，我們心急張望窗外，怕錯過極光，船長倒是態度悠然，讓我們焦慮到晚上十點，他才總算披上外套，戴起龐克髮毛帽說要出門了。

　　我們駕車在漆黑的夜空中朝港口接近。

　　「看，在那。」船長平靜地說，我們立刻尖叫到不行！

　　這個半荒廢的小鎮，港邊完全沒有光害，繁星點點，數量誇張，明亮的俐落彎月，加上隔著海峽反光的藍灰色冰山……就算沒有北極光，也是足夠美麗的畫面了。

　　極光動得很慢，像風緩緩吹送著白色窗簾，要花很多時間等待，照片才能成相，照片中是綠色的光束。我們剛開始又叫又跳，在超低氣溫中逐漸沉澱下來，感到鼻酸，即便是微弱的極光，我們仍有強烈的感覺。這個什麼都沒有思考，只單純存在著、觀看著的時刻，實在太幸福了。接著一條流星劃過極光，我們目瞪口呆，最美的畫面竟然還可以更美！

自從差點受困雪山，才知道路兩旁每十公尺一根的黃色桿子，是救命神柱！當白雪茫茫，根本看不清地勢高低起伏，是路面還是草地，這黃桿上白色標誌的切口方向，就是判斷道路在哪的依據

　　當白光逐漸飄散，我們進車裡以為結束了，船長開動車子：「我們永遠說不準。」就往另一條路開上山，停在蓋滿小木屋的坡地。這些小屋只有外殼，裡面是地熱開鑿的洞。

　　「冰島唯一便宜的東西就是熱氣，」船長說：「要說缺點，大概是洗碗總會被熱水燙到。」

　　他靠著木屋抽菸，耐心又自在地等著，過不了多久，我們再次看見極光了！

　　滿心歡喜地進出車廂，來回盯著極光與入車取暖，我們的滿足或許已經溢於言表，船長自然地在最適切的時刻啟車返家。他說自己兒時會自己帶報紙來，躺著感受北極光的流動。儘管這些夢幻對他來說是這麼容易取得，至今仍然覺得美好。

船長帶我們繞到一座廢棄船艙旁，內部窗戶向外望就是整片大海，他的夢想就是要把它改造成傳統料理餐廳。

雪山裡的救命大熊

　　冰島天氣變化快，明明前一天太陽照頂，適合郊遊，隔天船長帶我們出遊，卻是大雪模糊視線，即時路況網站幾乎全紅，表示道路無法通行。

　　收音機傳來新聞播報，大風雪沒有造成太多災情，倒是出動了超過三、四十輛救難車隊，去協助連人帶車困在山區的觀光客。經船長翻譯，全車一起哄笑。

　　「這些蠢觀光客不知怎麼搞的，」船長受不了地表示：「冰島氣候變化很快的，他們老是沒準備。」

　　隔天我們一群同住船長家的沙發客，喜孜孜地要一起回雷克雅維克，在明媚風光中出門，沒想到不帶腦地跟著導航，讓我們一步步開進白雪皚皚的山裡，輪胎深陷雪泥中。我們嘗試各種方法解除危機，奮力踢雪，試圖整出一段平滑道路，讓駕駛邊開車我們邊推車。當車子能正常行駛時，駕駛持續慢速前進，不敢輕易停下來以免卡住，其他人就在後面奔跑追車，然後抓時機跳進車內，根本在冰島出任務！經過幾次努力，我們最終仍被迫卡在大片白茫裡。

　　除了我倆之外的歐美人士跟雪地比較熟，熱烈地討論解決方案，並打給救援隊交涉，努力釐清我們的所在地，說服他們開救難車來。身為亞熱帶女孩，面對白雪想不出什麼好辦法，於是目光轉向另一道可能讓我們脫困的曙光：遠方看似房舍的黑點。我們自告奮勇，要試著去討救兵，腦袋空空，也可以靠腿力和「麻煩路人」的專長，為團隊出一分心力啊！

　　我們跋涉過小腿肚深的雪地，總算抵達一扇被雪堵住的大門，但朝屋內叫喊都沒

極光美景。

人回應，正打算放棄時，窗內瞬間出現一張老先生面孔，我們差點尖叫！他只往身後指指，人就消失了。接著有隻狗衝來對我們吠，邊叫邊帶我們繞到後門，那裡好多匹比我們高的駿馬，擠在馬廄旁，隔著飄雪直盯著我們，似乎非常好奇。

小後門打開，大熊體型的老先生邀我們進屋裡喝杯熱茶，聽完我們的狀況，他不解地問：「這條山路每到冬天就會封閉，要再四個月以後才會開通，你們怎麼會走到這裡來？自從旁邊建濱海公道之後，他們就不再清這條路了。」

導航怎麼會帶我們走已經封三個月的山路？是按到越野車挑戰賽模式嗎？不過我們怎麼就傻傻跟著走啊，剛才還浪漫地想著，我們好像誤闖納尼亞的孩子，現在冷靜下來看，我們就是昨日自己訕笑的「蠢觀光客」啊！

看著老先生緩慢地斟熱水，我們也跟蒸騰的熱氣放鬆下來，他說：「算你們幸運，我因為生病了才待在家裡，這附近也沒別人住了。」

心繫車內的夥伴，也沒耽擱太久，就坐上他的吉普車出發。雪地對吉普車來說，像平坦的柏油路，毫無阻礙！抵達車子受困地點，他熟練地拿出纜繩繫住兩車車尾，把車拖行到一般道路，沒多做停留就返家了。

我們順利通過隧道，回到濱海公路，還來不及歡呼，就因地面結冰而打滑了幾次，又被迫暫停路邊。不少主動停車的當地人，都對著我們的車皺眉：「這輪胎不行，你們回去換輪胎再上路比較安全。」幸好不知所措的我們，很快得到令人振奮的消息：清潔隊要來了！

路人說完不到一分鐘，道路清潔車就出現，我們趕緊尾隨。回到雷克雅維克時，大家都不敢相信我們竟然能在當天抵達。

PART 5

巴爾幹半島
解放靈魂與肉體

火然燒吧！波斯尼亞

　　2014 年年初，當太陽花運動在臺灣進行得如火如荼，遠在巴爾幹的我們每天追實況轉播心急如焚，然而在地球另一端的波斯尼亞，太陽花運動真槍實彈上演。同樣是對政府的反動，波斯尼亞之春（Bosnia Burning）採取的方式更激進，他們不僅占領政府，更點起一把火燒掉腐敗的政府。太陽花運動守護的是臺灣民主，然而在巴爾幹半島上不是所有的人都那麼喜歡民主。

　　走在薩拉耶佛的街頭，你不時會發現牆上的彈孔，角落的墓園，殘破的磚房又被補上新的樣子。

　　當西歐的憤青都在愛巴布・馬利（Bob Marley），書櫃都要放一本切格瓦拉（Che Guevara），波斯尼亞的青年嘴巴哼的是南斯拉夫（Yugoslavia）時期的老歌，自覺和鐵腕獨裁總統狄托（Tito）是肝膽相照的拜把。

　　在小酒吧裡，當我們嚴正聲明自由民主的臺灣不屬於中國，塞爾維亞的歌手操著不太輪轉的英文，半茫地笑笑說，你們仍是一個樣（you are the same）。他是住在波斯尼亞的塞爾維亞人，因為巴爾幹種族仇恨，而無法唱自己民族的歌。你或許覺得有點混亂，但是，歡迎來到有五個民族、四種語言、三種宗教、兩種文字的巴爾幹半島。

　　巴爾幹半島的前身南斯拉夫，在總統狄托（Tito）鐵腕的帶領下，實行社會主義，與蘇聯保持距離，成為在冷戰時期夾在美俄之間仍能夠獨立並保持中立的國家。經濟較蘇聯自由開放，人人幾乎都有工作，然而在他死後，原本強壓下來的種族宗教問題，就像熬夜後的粉刺，一一爆發。

首都薩拉耶佛滿山遍野的墓園，是各種宗教混雜的墓園。在墓地中央的小廣場，環繞著五座小教堂。我們猜想是焚化區，湊近一看，發現分屬於天主教、伊斯蘭教、東正教、猶太教，正中央則是標示著一株典雅的「薩拉耶佛玫瑰」。「薩拉耶佛玫瑰」取自內戰砲彈轟炸首都時，碎片散落造成道路的刻痕，他們用紅樹脂填補有真實死傷的地點，亡者可能是一人或更多。

　　頓時巴爾幹各地紛紛發起獨立戰爭。擁有多種宗教種族勢力的波斯尼亞，包括克羅埃西亞人（天主教）、波士尼克人（伊斯蘭教）、塞爾維亞人（東正教），更是內戰肆起。土生土長的波斯尼亞居民無奈地訴說當年，可能彼此今日是朋友，隔天就是勢不兩立的敵人。

　　戰爭結束之後，那股恨意很難消除，住在同一個國家，彼此卻是殺了對方爺爺或爸爸的仇人。許多戰爭時候被強暴的女孩，到現在仍無法正常生活，只能靠政府補助過一天算一天。戰爭炸毀了房子，流亡回來的人，能夠找到完好的房子就趕快住下。曾有個媽媽說，每天都在害怕一覺醒來，之前的屋主回來了，告訴她這間房子再也不能住了。

星火燎原

　　戰爭過後，獨立的波斯尼亞與赫塞哥維納打著民主的旗幟，實質權力仍在少數既得利益者手中。一路跌跌撞撞，還未享受到民主自由的好處，就在資本主義裡掙扎。

　　別人會因為你的姓氏或是眼睛的顏色而決定喜歡或是討厭你；找個工作、交個朋友都跟爸爸媽媽爺爺奶奶有關。薩拉耶佛的沙發主說他九成九的同事是靠關係進來的，大學班上每一科都可以拿 9.5 的資優女仍找不到工作；藥草茶店的帥妹服務生說她是穆斯林，全家反對她新交的塞爾維亞男友。

　　我們更訝異於當地律師每月薪水換算臺幣只有一萬六。搭便車的時候太多司機大哥說要去德國工作，在德國賺三個月可以在這裡逍遙一年。身為公立學校教師的小波，我們的沙發主，每個月薪水只夠她支付半個月的生活費，政府積欠薪資時有所聞，有時候她還擔心薪水沒有下文。

我們是透過搭便車知道波斯尼亞之春。第一個司機起了頭，第二個司機說了中間，第三個司機補了結尾，到薩拉耶佛剛好聽完整個故事，也搜集了司機紛呈的個人觀點。

　　當人們對生活如此絕望，任何風吹草動都會點燃怒火；一點星星之火，可以燎原。

　　當一名青年在波斯尼亞第二大城圖茲拉（Tuzla）發起街頭抗爭，誰也沒有預料到一個禮拜之後會演變成全國響應的社會運動：波斯尼亞之春。民眾甚至點燃火苗，想燒掉腐敗的政府，企望燒掉所有的新仇舊恨。舊有體制可以重新洗牌，就像燃燒過後的森林，樹根還在，明年春天又會長出新的秩序。民主和自由只是生活的基本態度，而大家求的是溫飽，可以不用上市場買菜斤斤計較一點點零頭，可以在自己生長的地方踏實地工作，假日可以和朋友去草地野餐曬太陽，偶爾酸一下政府也不會隔天被帶去槍斃；大家都是獨特的樹，再怪也沒有人管你。

有彈孔的房子和廢墟。

小小而平淡的幸福

　　離開波斯尼亞前，我們待在沙發主小波家，傍晚時分，和小波一家人待在前院的葡萄藤下閒話家常。波媽端出熱騰騰剛出爐的蘋果捲，平實卻帶給我們溫暖。

　　晚飯後，仰望小山城裡的星空，小波喃喃訴說戰時故事。他說有一個放羊的老翁，在山頂牧羊一輩子完全不知道山底下自相殘殺的波斯尼亞內戰，和羊兒一起與世隔絕，只知四季遞嬗。小波說她也想如那老翁一般。

　　她又說：「很多巴爾幹人冀望加入歐盟，以為是振興經濟的萬靈丹，但我們的生活其實可以像那老翁一樣。我們有肥沃的土地，可以孕育所需的食物，波斯尼亞人可以自給自足一輩子。」

　　回到臺灣之後收到小波的喜訊，和遠在德國工作的男友結婚了，還生下超可愛的小貝比。在小山城裡，有一小塊田地，養著牛和雞，過著自給自足的生活。小波最終還是沒和老公去德國，而選擇留在家鄉守護小小平淡的幸福。

市場的婆婆。

小波和她的男友。

搬到波斯尼亞的波蘭女生，非常喜歡當地人的質樸。

莎繽吶 的戀愛假期

像海底世界的房間。

有著橘色頭髮，戴著小圓禮帽，穿著橘色絲襪的莎繽吶，是在波斯尼亞穆斯林小鎮的一個異類。

身為高中物理老師，愛聽龐克搖滾，愛哈菸草，會把整個家漆成海底世界般的童真有趣，講內心話時又溫暖到心坎裡，堅持吃素甚至被傳統穆斯林老爸嗆一輩子嫁不出去。住處各國沙發客來來往往，在鄰居眼中，都一致以為她是應召女，而成為最新八卦對象。

走在小鎮的路上，彷彿全世界的人都認識她。記得有一次她在酒吧喝太茫和朋友不小心接吻了，隔天進教室，全體學生鼓掌叫好，並且糗了她一個月。

教起書來，莎繽吶也有自己的一套風格。她會把學生帶到大樹下，披起白色床單仿效古希臘物理學家，拾起地上的泥土代表物質，任由泥土滑落指縫代表分解的原子。用實際的例子和情境式教學，任何書上艱澀難懂的原理，都能豁然開朗。

她的獨樹一幟不是叛逆地只為怪而怪，而是獨立思考之後擁有一套自己的處世原則，彷彿一個定心石，可以無視他人的議論紛紛，並且清楚知道自己在做什麼。

她說小時候的波斯尼亞戰爭反而是她最懷念的時光。當時父親在前線作戰，母親為了沖淡戰爭恐怖的氛圍，總有一堆哄孩子的招數，每次避難的時候總會騙孩子要去戶外露營；怕他們餓昏頭會在黑暗中點蠟燭全家一起看食譜幻想。而人與人之間也因為戰爭更加緊密連結。小時候幫助她克服恐懼的是書籍，讓她的想像力不斷擴張，眼光也漸漸和別人不一樣。

橘色頭髮的莎繽吶。

　　現在她有實現不完的夢想，想在河畔幫大家剪頭髮，想在小鎮放映戶外電影院，想要有一間自己的學校，將課本的理論轉換成實用的生活技能。不要小看她的夢想，已經有很多沙發客主動報名要回來幫忙。然而莎繽吶也憂心忡忡地表示，現下這裡的小孩只想穿著緊身短褲，去酒吧喝醉和人上床，交往幾個月不小心懷孕，還會沾沾自喜，高中一畢業就馬上結婚，許多家長並不認為讀書是件有意義的事。

　　復活節莎繽吶要去義大利度假一個禮拜，大家紛紛約喝咖啡或登門拜訪要跟她道別，我們笑她一個禮拜搞得像一年般隆重，她古靈精怪地轉著眼珠子說，班上的孩子只顧著談戀愛，沒心情念書，她只好去問校長，如果她談戀愛可不可以也沒心情教書？（so if one day I fall in love, I will have love holidays）校長也意外答應如果她陷入愛河，就放她戀愛假。

裸體攝影計畫

當異物朝眼睛襲來，我們會為了保護自己而閉上眼睛，但在旅行的時候閉上眼睛反而是為了挑戰未知，不管過程是恐懼、害怕、噁心、想吐、不舒服。或許是好奇自己的極限在哪裡，也或許在旅途中遇到的人，總是勇敢地做自己，去嘗試和冒險。因為站在不同文化觀點看世界，原本認為不可思議的事，都會變得有趣而想躍躍欲試，而裸體就是這麼一回事。

從巴黎裸男到雪地裸奔，一次次都是有如脫韁野馬的好奇心所致，甚至還因此異想天開地想拍一系列給女生看的裸體攝影，這個鬼點子不斷在心中醞釀。

導火線是老王在莎繽吶家洗澡的時候沒熱水了。

黃賽邊燒熱水、邊煮熱湯，畢竟春寒料峭的波黑，洗到一半的老王一定凍得發抖，得先喝熱湯暖暖胃。端著湯湯水水進浴室，黃賽和老王兩人不知哪來的默契，不約而同地斷定，想拍裸體攝影就趁現在！或許是因為我們都太喜歡莎繽吶的公寓了，沒有邏輯的彩繪空間和我們一拍即合，也或許是我們都被莎繽吶的故事激勵，住進別人的房間就像住進別人的腦袋。

頭髮微溼的少女蹲在浴缸裡拿著大湯匙喝熱湯的奇幻照片就此展開，我們甚至讓廚具出走到浴室裡，好比打蛋器、彩繪著派大星和魚的浴室、裸體，可以變出什麼花樣？銀色蓮蓬頭的凸透鏡反射，映照少女被放大的眼睛、鼻子和身軀，似乎可以解釋成某個外星球生物第一次使用蓮蓬頭洗澡？

讓想像力出走，空間不僅局限於浴室裡。充滿藍色泡泡彩繪的房間、戴著草帽的藍色瑜珈球、披著透光白色窗簾的無臉裸女……自以為在向比利時畫家雷內·瑪格利特（René François Ghislain Magritte）的超現實畫作致敬。戴著白色燈罩、拿著吸塵器的裸女、在顏色繽紛的客廳裡，怎麼看都像人生絕望的家庭主婦；掛滿宇宙小行星、亮著淺黃光影的主臥室，裸女被牆壁上充滿朝氣的波黑標語塗鴉，壓得背都駝了。

裸體攝影，真的只是單純因為無拘無束的好奇心驅使。在安全可行的範圍內，我們想要閉著眼睛冒險一次。想著未來，步入社會之後，有一輩子的時間學著世故，學著和社會妥協，被文明豢養，為家庭奔波，為工作賣命。不知道那個五十歲成熟世故的自己，會不會因為擁有太多而不敢去嘗試；因為老練而只習慣用一種觀點評斷世界呢？或許對未來過於悲觀，導致現在更想積極地嘗試，畢竟現在的我們，除了傻膽，一無所有。

湯與裸體的綺想。

歡迎光臨，靈魂保護區

　　「是啊，這裡的確是個適合睡覺的地方。」老畫家伯諾悠哉地坐在家門前，邊喝咖啡，看著因睡過頭而慌張的我們。接著有興奮的客人跟他打招呼，說自己幾年前來過，當時相談甚歡，前幾天偶然看見雜誌報導，就回來這個好地方找老朋友。

　　這是波黑森林裡的小小村落傑連克維茲（Zelenkovac）。五分鐘內就可以從頭到尾繞完這個依著河渠的木屋區。有湖、有溪、有山，入口處緊臨可以採香菇的健行步道，可說是五臟俱全。中心的畫廊酒吧，是伯諾近二十年前，從父親的老舊水磨坊改建而成。這個燒柴取暖的空間是森林小村落的開端，入口掛著「伯諾總是在這」招牌，屋內昏黃，手工木造的粗獷家具，搭配各類舊鐵具擺設。

伯諾在這裡。

這次打工換宿要學蓋房子,還要自己升火。

守護珍貴的回憶

原本整區水磨坊隨父執輩的凋零而廢棄,順理成章地成為公家規畫傾倒垃圾之處。伯諾放不下自己與父親共處的回憶,想要守護自然與傳統木屋,成日鎮守傑連克維茲,阻止人為破壞,還曾激動地拿起獵槍,只為阻擋巨型垃圾車進入,大家都說他瘋了。

內戰結束後,社會局勢剛穩定下來,他把爸爸的水磨坊改造成藝廊酒吧,開作畫課程、舉辦音樂節,帶來藝術家、年輕人、記者,還有世界各地來學木工的志工,共同將廢棄磨坊一棟棟手工改建成可住宿的小木屋。一步一步,他在各國朋友、甚至外國官員的幫忙下,總算改變政府既有規畫,將傑連克維茲設立為自然保護區。從此平日祥和的森林,週末就會變身熱鬧滾滾的森林遊樂園區。遊客多了,為周邊商家帶來收入,附近居民對他的評價因此從嫌惡變成讚賞。人們十分喜歡伯諾重整後的這個小村莊,除了散客之外,把其中一間小木屋買下來,當成度假小屋的外國人也不少。

但我們的抵達伴隨著糟糕天氣,從滂沱大雨到冰雹,整個村子潮溼寒冷,唯有酒吧因柴火適宜人居,無法工作、移動,衣服洗了也不會乾。我們因鎮日溼髒而心情鬱卒,也因遊客人數增加,被迫從聽得見溪水的舒適木屋,遷移到總是烏煙瘴氣的酒吧樓上。

少數開心的時刻是住在附近的辣媽布蘭珂來訪,她穿著娃娃鞋,一手攬著九歲的兒子,帶我們在雨點中飛簷走壁,採摘花朵、辨別香菇,帶回來煮茶、下廚,告訴我們活在山裡有多富足。

偶爾天露曙光,伯諾搶時間整修屋頂,我們協助傳遞、排列木頭,或搬運建材磚瓦。分辨哪些是碎石、哪些是小碎沙,各運多少車到小湖邊的地基處,像童話裡王子救公主的闖關情節,挑戰從沙子中分出石子。

布藍珂抱著兒子帶我們到後山郊遊。　　　　　　　這裡的每條小徑都有路名，連三步就走完的小橋也有名稱。

　　這些要混合水泥的碎沙石，因為連日下雨變得沉重，見到我們推著單輪推車，卡在橋上的遊客立刻演出芭樂愛情電影裡，男主角求婚時的圍觀群眾，大喊：「加油！」有人想協助，我們很有骨氣地回喊：「不用！回去放你的假！」可惜來不及輪到我們爬上屋頂支架坐高望遠，又開始雨點重擊，大家只好退守酒吧，喝酒解悶。不時被戲稱中華熊貓的我們，必須忍受菸味及中年男子的啤酒攻擊，在我們桌上堆了好幾瓶還不罷手。

　　「你們這麼冷漠，讓我對你們國家印象很差欸。」隔壁男子盧了快半小時：「到國外不跟當地人聊天真是浪費時間。」

　　我倆對望交換腦波：「跟你們這些來買醉的人狂飲聊天，才是耗費生命。」在旅途中，不時會遇到故意設下圈套，想用激將法達成目的的人，「到國外了就該如何如何」、「你們亞洲人怎麼都這麼怎樣怎樣」，但只要清楚自己是選擇較有意義的事情去做，而非自我設限就好。

失去的祕密基地

　　原本能夠逃離人群的寂靜夜晚，卻在我們歡天喜地搬進木屋後，成為最大的恐懼。人生活的痕跡比酒醉中年男子還可怕，蒼蠅盤旋、堆積如山的骯髒碗盤與垃圾，不時有巨鼠逃竄。我們鼓起勇氣，用掃把撥弄地面上乳白色小物的瞬間，尖叫跑出屋子，邊跑邊大喊：「那是什麼啦！絕對不可能是白色玩具小恐龍吧！」

　　嚇壞的我們衝去綁架一隻野貓扔進屋內，再回酒吧喝熱茶壓驚，試圖把那個初生鼠屍的畫面刪除。見到伯諾經過，本來想跟他抱怨，卻見他神色焦躁，拒絕所有人的

住戶一起野炊。　　　　　　　　　　　　　　　　　　是在燒什麼呢？

啤酒邀約，快步回到自己的木屋關上門。目前沒在工作，等於是住免錢的我們，也就把對木屋的埋怨吞下肚。

　　入夜，儘管萬般不願意，還是只能回到木屋，先在門外用力敲打、踩踏，跳起土著舞蹈，嚇退所有生物，才小心翼翼地進門。即便把燈光、收音機大開，還是很清晰地聽見「刨、刨」抓刮牆壁的聲音，甚至覺得鼻腔充斥小動物屍體的味道。媽呀，童書跟動畫怎麼可以把一窩子老鼠畫得這麼可親可愛？我們以後是不會讓孩子看米老鼠的！

　　無法闔眼的我們坐起來發毛，忽然見到有巨物從枕頭旁快速移過。

　　「幹幹幹！」我倆百米競速躲進一間尚未修繕完畢的木屋，無法緊閉的門，我們用屋內唯一的重物──開過的大袋狗食──擋住。那夜聽見不只一次有生物「咚、咚」試著推門，然後是塑膠袋「窸窣」摩擦聲，只能亂吼各國髒話夾雜抱怨，反正聽起來恰北北就好：「幹！給我走開喔！到底在這裡幹嘛啦！為什麼還不天亮！滾！」

　　用手電筒當聚光燈，籠罩共擠一張床的我們，說服自己這樣就有結界，卻一直被彼此的小動作嚇到跳起來貼牆：「牠在這裡！」、「真假！幹！」等到釐清只是月光照耀下形成的棉被怪物後，也已聽見鳥鳴，進入黎明了。

　　住在這裡壓力大，沒辦法學到技能，也沒有能舒服獨處的空間，天天失眠，唯一的放鬆是搭便車去鎮上採購食物，吃新鮮溫熱的鹹派。寫日記、畫畫，不用講話，散步回家的路途中，邊聊旅行中快樂的片段。有天回來得晚了，我們窩在客人烤肉完的餘火中取暖聊天，伯諾一臉嚴肅地出現，本來以為是要討論我們差勁的工作狀況，沒想到是想跟我們分享自己的苦惱。

歡迎不要光臨。

「每個人來都說是我朋友，要我跟他們喝，但我根本不認識他們。」伯諾愈講愈憤怒：「一天要解釋好多次這裡怎麼來的，我真該錄個影片播放就好。每個人都意見一大堆，要我開拓這裡，但真的要留下來做、投資的一個也沒有。大家都只想要從我這裡得到更多，要我付出更多，老婆、女朋友，誰都一樣！」他忽然洩氣了：「待在這裡好累，我想要放個長假。」

　　看著美麗星空下，伯諾回房的背影，真沒想到這個讓所有人放鬆、一來再來，甚至買小木屋定居的地方，擁有者卻喘不過氣，需要去個只有自然、沒有別人的地方。

　　帶我們在後山飛簷走壁的布蘭珂曾經告訴我們，這裡也是她兒時的回憶，就算已經有兒子了，每次回來，仍然感覺自己是當初那個精力充沛的孩子。這樣的她，也不否認傑連克維茲有名氣後，出現了些改變：「我總覺得只有美好的靈魂能發現這裡……不過，最近的確來了些我覺得不該出現的人。」

　　想要遠離繁雜人等，卻又不甘寂寞的伯諾，週末開車帶我們去他的祕密基地。那是壯觀的瀑布源頭，只有一小間殘舊但舒適的小屋，我們隨手撿起地上的樹枝花草當作掃把，把屋內清理了一番，讓想沉澱的伯諾可以回來休息。

　　不過回程途中，我們發現法國志工團在搭建露營地、休憩桌椅，就在他和父親手造的木橋附近。這個祕密基地，可能很快也就不再「祕密」了。

村坊附近的大湖，可泛舟。

羊的反叛

　　普拉，這個城市像是殘舊版義大利混合五〇年代的臺灣。見到在路上亂晃的我們，每個人都會堆滿笑或樂意幫忙，不是觀光區的那種纏人買東西，而是純粹想認識。好像這兩個傻氣亞洲女子是移動許願雕像，機會難得，非得來握個手。有拿紙筆請我們翻譯名字的路人、邊講電話邊衝出來給我們巧克力的店員、沿著欄杆不斷跟隨的港口工人，或老先生拍肩說：「做得好！」我們趕緊檢查錢包和護照，這樣一天下來要檢查數十次。

　　剛從有條理的西歐飛來，相較落後而貧窮的克羅埃西亞，讓我們拋開禮貌與紀律，有種奇異的放鬆舒適。天暖而穿得非常隨便的我倆，在星空下等沙發主人，腳開開地蹲坐在地上，也絲毫不覺不妥。

　　居住在里耶卡的沙發主蕾娜，最被訪客稱頌的是倒得完美的啤酒、無限供應的咖啡及後院自種的香料茶。我們坐在餐桌旁，配著一杯杯飲品聊天，從他們的故事聊到國家社會現況。

　　最初老公安德烈諾對打開家門歡迎陌生人有點疑慮，但在蕾娜堅持下，現在不但習慣也很喜歡，滿意地說：「這樣在家就能旅行全世界，來來去去好多奇怪或厲害的旅行者，我倆也因此完全改變了。」

　　蕾娜提醒我們，想在這裡待多久都行，但如果被警察攔住，千萬別說住在他們家，訪客待超過 24 小時是要申請並繳納稅金的。之前有個沙發客，因未經申請賣藝被逮，他們去保他時才曉得有這條法律。

　　「這國家的怪事可多了！」某天晚上十點多，她去離家不遠的公園遛狗，被警察攔住檢查身分證，警察不讓她回家拿，就將她扣留在警局直到凌晨三點。「誰遛狗帶證件啊！」

　　更進一步補充蕾娜口中的「怪事」，安德烈諾忽然扯開外套，指著自己身上印著狄托頭像的 T-shirt，說：「這是犯法的！」穿著有前政治領袖頭像或社會主義者肖像的衣服是非法行為，因為那是搞亂社會的政治宣言。

　　克羅埃西亞不是二十年前已經轉變成民主國家，怎麼還有這麼極權統治的規定？這些不可理喻的法令，怎麼會沒人起身反對？

攔下我們的港口工人，硬要留下聯絡方式。

「年輕的時候也會參與抗爭，但現在已經無法不顧一切去做了。誰想平靜的日子裡被警方敲門，或接到老闆電話，因為你參與政治活動而被開除？這都是真實故事。」蕾娜說：「大部分的克羅埃西亞人是安順聽話的羊群，在羊群中好安定、溫暖、受保護，孤身離開羊群多可怕啊，於是大家默不作聲，選擇安逸。這是很悲傷的世界，質疑規定的人會被懲罰。」

在家環遊世界

近三十歲的他們，在港口工作的安德烈諾喜歡現在有規律的生活，蕾娜則是準備進修人文學科碩士，聳聳肩說：「之後大概也就找個爛工作，混口飯吃。」

跟巴爾幹其他國家比起來，克羅埃西亞歐美觀光客多，2013 年加入歐盟，表面上風光又現代化，現實卻是物價上漲，失業率居高不下。政府無所作為，人民活得辛苦，怨嘆自己沒早生幾十年，可以活在社會主義的榮光裡。

「好個民主國家呢！」蕾娜諷刺地說。她沒說出口的是：「這種民主超爛的！」

我們分享臺灣也有的問題，不顧程序的法案、有人因為臉書發文被警方約談、因參與社運被校方警告、事件禁止媒體拍攝或轉播，或社運現場發生的狀況跟隔日主流媒體報導差異性頗大⋯⋯

身在民主國家的我們，曾經不理解怎麼會有人想回到共產極權制度，那不是很「不自由」嗎？但所謂的自由，其實只是想過著自己想要的生活，不需要為了溫飽擔心，不怕因莫名其妙的「犯規」被逮捕，不擔心政府為了少數人利益而欺騙民眾。「民意代表」這麼多，但所謂的民主，卻似乎離人民愈來愈遠，而那些被指責為社會亂源的人，其實也只是提出人應有的基本權利，想要讓民主回到最單純的樣子。

像長頸鹿的起重機。

　　互相理解又感到無力的我們彼此擁抱，喝著咖啡，望向窗外的里耶卡港口。霧氣瀰漫，遠處朦朧的山，在灰藍霧氣遮蓋下顯得更美，長長的海堤上，多座機械長頸鹿般的起重塔，以及世界各處來的貨櫃。蕾娜和安德烈諾不依規定接待著全世界來的客人，算是他們的和平抗爭吧。讓家裡成為不受國家規範的空間，定期注入活力，而非溫水煮青蛙地歸順國家體制。

　　離開那天，發現蕾娜放香料的櫥櫃上貼著張寫著草藥、蔬菜、調味料的各國語言對照表，對於這對每天都「在家環遊世界」的夫妻檔來說，非常實用呢。我們填寫了中文翻譯，他們開心地送我們一包豆莢的種子。

草藥、蔬菜、調味料的各國語言對照表。

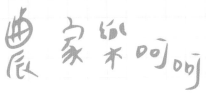

農家樂呵呵

　　會認識多米一家真的是誤打誤撞，原本計畫到克羅埃西亞的小島，賴在海灘上耍廢，卻因為在小島上的沙發主多米，語帶無奈地回覆這幾天沒空，因為要回家鄉幫爸媽種樹，並客氣地邀請我們到他家鄉坐坐。做事衝動、思路完全不經大腦的我們，一路搭便車去找多米一家，殊不知他的家鄉在一個連 google map 也神不到的山裡。

　　回信隔天就收到我們的簡訊，多米一定非常吃驚，不知哪來的脫序亞洲傻女竟然把他的客氣當真，還一路來插花！然而見識到多米一家，我們才真正領悟到脫序的不只我們。

　　多米的老媽是最脫序的樂天派，想要回鄉在從小生長的土地種果樹，十年之後就有一片果子林，自己吃不完還可以留給兒子，更不時會嘟起嘴巴跟親愛的老公要kiss。多米還有一個吹牛老爸，總是說老媽沒人娶，他只好來解救這位清純的少女。以及種樹時，隔壁來幫忙的阿公，我們才認真出力一小時，就說要把他們家的馬送給我們，七十歲一把年紀了，還自誇是黃金單身漢。時不時隔壁鄰居小孩來插花，愛耍帥的大哥，愛學大人的二哥，總是一臉困惑的小弟。

　　巴爾幹鄉土劇歡天喜地在我們眼前上演，唯一的理智線多米，總是跟在老爸老媽後面碎念。多米愛嘮叨，他真的不懂種果樹要幹嘛，明明家裡衣食無虞，兩老卻不頤養天年，還懷抱著種樹夢。看著背疼、高血壓的老爸，好傻好天真的老媽，十年下來還是得靠多米下海擦屁股。多米在小島的橄欖農場工作，熟悉有機農法，對這片果子林夢卻一臉無奈，甚至好友良心建議他忙不來的話就放火燒了吧⋯⋯

我們好像在做提供大量飲品的打工換宿，不斷送上私釀梅子白蘭地、無酒精啤酒、超甜的土耳其咖啡或村裡號稱全歐洲最乾淨的溪水。

下次讓你們見識臺灣世間情

　　雖然有點脫序，年輕一代抱怨，老一代天真，但我們一點一滴種了七十四棵梅花樹和蘋果樹。老媽的斧頭有時候會因為太過使力而不小心飛丟，愛交際應酬的老爸常常忘記揮鏟而被老媽嗆聲，老媽不時會打亂多米的計畫，一股腦地種，按捺不住快失控的多米默默地說：「天曉得她有沒有拿對梅樹或是蘋果。」

　　在首都有大房子，在海邊有別墅，老爸還說想要在果子林蓋一間小木屋，邀請親朋好友來住。當多米妮妮道出小時候就是在這裡學會走路的，我們知道十年之後他還是會在這裡照顧這片果子林，說不定還會生一對像爸媽的寶貝氣死自己。即使再怎麼無奈，嘴砲過後，這仍然是從小生長的土地。

　　離開的時候，老爸難得一臉真摯地說：「只要你們回到海邊，不管是幾百公里之外都會開車來載你們到別墅度假。」老媽還是老樣子，扭腰擺臀，嘟起嘴巴說：「kiss me ～」唉！不捨之餘暗自決定，下次你們來臺灣玩，赴湯蹈火姊姊罩！

熱鬧的巴爾幹鄉土劇。

全男足球俱樂部。

巴爾幹便車記

搭便車久了，也是會有職業病的：五十肩跟黑手背。總是有那種車全空但雙手一攤的司機，或整車大笑比讚的人。難道誤以為我們站路邊比拇指，是在幫他們加油打氣，稱讚他們開車技術好？讓我們忽略搭便車的副作用，繼續攔車，是因為短短的一段路，我們能遇見基於各種因緣際會，而出現在這條路上的人。我們都有各自的生命正在發生，各自的故事值得聆聽，對國家的認識，不再只有A城市跟B城市，而是所有經過的路途。

搭便車讓我們用奇妙的方式移動，好比在波斯尼亞，攔到一臺載著優格的冷凍小貨車，副駕駛座只容納得下一個人，於是我們輪流進入全黑的冰凍櫃，跟優格一起運送。空調關了還是一樣冷，但身在全黑的後車廂裡，意外地非常放鬆，可以玩手電筒和影子的遊戲，或用ipad打造個人電影院（後來才知道優格冷凍櫃很正常，還有載二戰未爆彈、軍機燃料及藥劑的貨車哩）。

也曾擠上已經塞爆的九人座，準備去看球賽的全男足球俱樂部。廂型車在我們眼前停下，車門緩緩滑開，滿車探頭探腦的波斯尼亞男孩，我們張望著，整車擠滿沒有位子，僵持幾秒，一個男孩默默地指著自己的大腿……最後我們和行李一起擠在後車箱被打包帶走，一路上男孩們哼哼唱唱，捶車頂，在車上開趴！

在克羅埃西亞搭便車，沙發主盧卡鐵口直斷我們一定攔不到半輛車，不死心的兩人決定碰碰運氣。果不其然，我們在路邊等到很想哭，正要放棄的時候，加油站轉角出現一臺老爺廂型車，風塵僕僕地向我們駛來。我們心裡跳叫著，就是這臺了啦！三個荷蘭年輕人，向我們招手示意上車。

原來這臺車就像一個移動的小小共和國。這個國家只有三個人，總統分別是盧本、尼可和馬利，國家只有一臺廂型車的大小，但五臟俱全，後座是小小廚房和客廳，椅子放平就是床，車頂掀開還可以看星星。他們從荷蘭一路開到義大利、斯洛維尼亞、克羅埃西亞……往下到土耳其和喬治亞，打算開到烏克蘭順便從軍報效國家。問他們代表哪一國家，他們隨口丟出阿弗瑞卡東尼亞（Africdonia）。

沿路我們慷慨激昂地說著臺灣的太陽花運動，三位總統聽得津津有味並義正嚴詞地決定：「阿弗瑞卡東尼亞開放臺灣免簽，並無條件收留臺灣難民。」國民外交又傳捷報。

阿弗瑞卡東尼亞的三位總統。

　　一起在路邊喝咖啡的時候，發現三個人連錢都共享，原來阿弗瑞卡東尼亞是移動人民公社來著。

　　每次搭便車過海關，都像闖關遊戲，我們會老實回答移動方式是搭便車，並期待海關人員的反應。有的很懷疑，有的則是半開玩笑地指引，告訴我們哪臺車會去我們的目的地。

　　巴爾幹半島上，大部分國家都給臺灣獨立三個月免簽，但網路上看見不少被當作是大陸護照而拒絕入境的例子，巴爾幹半島的海關人員，每每看見臺灣護照就會忽然動起來。在入境蒙特內哥羅海關時，我們在當地人車上等待。海關先是從小房間消失，接著跟司機確認我們是他朋友，然後換長官來看護照。

　　等超過十分鐘，駕駛乾脆熄火。終於海關人員走回來，嚴肅地說：「我必須逮捕她們。」駕駛大驚失色，正要回話，海關人員邊笑邊還回兩本綠色護照。

　　車子啟動時，長官再次向他確認我們到底是來幹嘛的，駕駛沒好氣地說：「她們是恐怖分子。」然後邊轉動方向盤邊碎念：「沒看過海關耍幽默的。」

　　搭便車幾乎成為我們旅行後期提振士氣的興奮劑，就像撞離正常軌道的彗星，過了那座山就會看到不一樣的風景。而旅行最有趣的就是那些掙扎、悠然、好笑、單純的片刻。

隱藏版節慶

　　舉起的拇指就像是芝麻開門的咒語，帶我們找到隱藏的寶藏，一窺料想不到的好所在。

　　離開科索沃首都普里什蒂納的混亂車潮，我們跟一臺可愛的瓢蟲車看對眼。紅底黑點的老車從內線道猛烈彎出，停在人行道旁。兩個中年嬉皮邊笑邊朝我們走來，邀請我們去山上的藝術村。即使跟我們設定的方向完全相反，卻被他們對藝術節的精采描述以及逗趣的瓢蟲車吸引，決定丟開行程去走一遭。

　　很快就抵達山腰上的小村落，他們介紹這個傳統駐村計畫的發起人給我們認識。發起人是一對夫婦，先生被推崇為科索沃最好的舞臺劇教授，太太則是國內知名的歌劇女演員。

請載我一程吧。

　　「這個傳統藝術駐村計畫，從一開始幾乎廢棄的村莊，到今年已經第四年了。我們申請政府輔導金，希望能復興科索沃根植於阿爾巴尼亞的傳統文化：戲劇、創新歌舞、阿爾巴尼亞食物等，開放民眾免費參與。」平常忙於國家劇場演出的教授太太，也兼任藝術節的執行總監、表演者，她抱著孩子跟我們聊天：「每年夏天都會過來，在這裡邊工作邊度假，漸漸愈來愈多朋友加入，也買下這裡的房子。現在藝術節對我來說，也像固定的朋友聚會。」

　　有次因為黃賽飛去德國找度蜜月的姊姊，我們兩人就分開走行程，約好各自搭便車去阿爾巴尼亞打工換宿的地方會合。已經遲了兩天的黃賽，急著要趕到會面地點，攔下了難得一見的女司機，還是個老奶奶，本來心中暗喜，沒想到對方完全不在意黃賽的目的地，歡天喜地地把她綁架到排場盛大的海鮮免費吃到飽盛會，有龍蝦、生蠔、生魚片、魚卵……等各類海鮮，但奶奶我們吃素啊！

　　奶奶像是海邊交際花，一一引薦黃賽看似有頭有臉的人，還邀請大家排隊合照，之後豪氣地把黃賽拉上會場中央的舞臺，邀請她一起跳當地民俗舞蹈……好不容易可以離開，奶奶抱了又抱，親了又親之後，歡喜道別。

　　眼看上路時間比預計的延遲不少，黃賽滿心焦急，很怕天黑還到不了目的地，終於有輛車風塵僕僕停在面前搖下車窗，還是剛才那奶奶！還不由分說把黃賽強押去搭公車，奶奶以交付神聖任務的口吻，叮嚀了司機和乘客一定要把這個亞洲女孩載到目的地，但明明要去濱海的露營區，全車卻要她在鳥不生蛋的荒山遍野中下車。她只好打給露營區老闆求助，請他跟乘客溝通。總算到達露營地時，疲憊不堪的黃賽抱著老王放聲大哭。

　　拆開搭便車驚喜包，裡面究竟是寶物，還是令人驚嚇的彈簧小丑呢？

開著瓢蟲老爺車的嬉皮大叔。

遇到裸男

在阿爾巴尼亞的首都地拉那，我們深刻體認到當地人總是熱情地拖我們去坐巴士的苦心。停下來載我們的是大叔雙人檔。一路上，大叔彼此慧黠地說很多笑話，完全不像其他阿爾巴尼亞司機愛調情，我們沿路大笑到一個荒野的交叉路口，往左是預定要去的小山城培拉特，右邊則是大叔要去的海邊薩蘭達。他們邀請我們一起去海邊薩蘭達，那是他們認為阿爾巴尼亞最美的城市，直呼小山城超無聊。眼看天快黑了，在這個無人的交叉口下車似乎不是個好主意，便接受他們的邀請。

經歷一大段山路，終於到達海邊的城市，原來已接近希臘國界。

我們和他們道謝，準備下車去找住宿，結果他們表示別墅還有空房間，很願意接待我們。我們再次愉快地答應。

買完食物回家，在陽臺聊天吃披薩，他們說明天要開小遊艇出海。歡鬧中，逐漸感覺他們把我們當伴遊小姐，談話還算禮貌，但內容往奇怪的方向傾斜，也意圖肢體碰觸。我們覺得不舒服，想制止這件事，還被嫌很嚴肅，我們便藉口很累想休息，回房梳洗。沒想到黃賽洗澡時，老王待在房間，其中一個大叔來敲門。

他說：「我在自己家，應該要感覺很放鬆才是啊，但我好不放鬆喔，怎麼會這樣。」老王不懂他要幹嘛。「我平常在家都習慣裸體，你同意我在家裡放鬆嗎？」

老王說：「請自便，不干我的事。」

「那我可以脫衣服嗎？」

「我不在意，隨便你想怎樣。」

他就真的開始脫衣服，老王不為所動，抱著看你敢脫到什麼程度的心情。結果他居然脫得精光，還得意轉圈。

老王用很嚴厲的語氣說：「很好，你看起來很健康，現在請離開。」

他抱怨：「亞洲女生總是這麼保守又冷淡。」

老王回說：「不喜歡你不表示我保守冷淡。我真的要休息了。」他看出老王沒有要繼續談話的意思，悻然離開。隔天早上他們一出海我們就把房間整理好，趕快出發，希望他們回來覺得一切只是夢一場。

我們常常以為熱心的好人沒有性欲，其實不然。之後在波斯尼亞小木屋度假村又頻繁接到海邊別墅度假的邀請，我們已經學會翻個白眼，轉身，躲到角落，繼續畫畫、寫日記。

007 情報員

　　搭便車有夠累，需要一早拖著行李奔波、在烈日下等待、隨時提高警覺、不斷找話題跟各種人聊天……稱之為「修行」也不過分。

　　雖說是如此身心俱疲的活動，回報也很豐厚。搭便車能遇見基於各種理由，而出現在這條路上的人：從沒出過國的本地家庭、在此定居的外國人、戰後歸國的移民、跨國頻繁的貨運司機等，聆聽他們的生活，會覺得對一個國家的認識不單是造訪各個城市，而是更立體完整，包含了過去跟未來。

　　以波斯尼亞首都為例，載我們前往薩拉耶佛的，是個在政府天災防治部門擔任主管的父親，正在齋戒的他乾著脣，跟我們講起前陣子天氣異常發生的大水災，也分享了薩拉耶佛內戰時期的故事。他帶我們車遊仍舊千瘡百孔的薩拉耶佛，說自己就是在這棟留有彈孔的建築前，腿部被流彈射傷而轉內勤。

　　他半開玩笑地說：「晚上無聊沒事做，只好生孩子。」那時出生的兒子與我們年紀相仿，正在薩拉耶佛影展擔任籌備志工。薩拉耶佛影展跟他同樣是內戰時期誕生的，為了轉移民眾的注意力，撫平大家的焦慮不安，現在則是吸引外國人拜訪的重要國際影展之一。

　　後來離開薩拉耶佛到布達佩斯的途中，遇上了夫妻檔佐佛跟姆尼拉。可能看我倆倦容，不說英文的他們打給兒子，請兒子轉達邀請我們回家住。回到祥和寧靜的家中，佐佛猛塞給我們自釀烈酒，說老家還有家具齊全的兩層樓房，可以給我們無限期居住，聽到超想當場退休（雖然還沒就業），把爸媽接來這裡一起養老。

　　但擁有土地，在這裡並不等於經濟上的富有。內戰結束後，瓦解的共產體制重新劃分土地，有人可能擁有幾棟房子，但沒錢裝修，路上隨處可見磚瓦外露的空樓。

　　後來我們比預計的多待了好幾天，要離開才知道佐佛年輕時經常搭便車。他教我們若想北上回中歐，就要挑星期天，因為巴爾幹半島便宜，又有美麗的自然景觀，很多歐洲人會來度假，星期天打道回府。真是太專業了！

　　搭便車就像置身真人圖書館，一本本承載不同故事的書籍在街道上川流不息。每打開一扇車門，都像翻開一本五感故事書。例如：我們前往波斯尼亞森林裡的爵士音樂節時，竟然攔到幫這個爵士音樂節設計第一屆海報的人。剛從瑞典搬回來的他，已經快十年沒有回去那個小村莊了，於是興致大發，決定跟我們回去看看老朋友。

駕駛總愛帶我們在城市繞一繞，四處拜訪鄰居。

　　「在瑞典，人像活在魚缸中，永遠完美，沒有意外，所有需要都被政府照顧得好好的。」而他期望生活充滿冒險、可能：「在波斯尼亞，公車會誤點、拋錨，人們有更多的機會交談，透過各種不同的方式認識，」他笑著補充：「還會遇到搭便車的人。」

　　這也是我們搭便車的原因，人生就是想要來點安全的脫軌啊！已經旅行一段時間的我們，熟悉了打工換宿、沙發客的模式，都能清楚預測下一個國度會遇到的人或事。這樣旅行是否也變成一種穩當的重複？

　　為了逃開這股煩膩，我們才堅持搭便車，讓每日充斥非預期的元素，認識那些純粹在當地生活的人，累積屬於自己的國情資料庫。有次在阿爾巴尼亞，駕駛是準備攻讀律師的阿里佑特。下車前我們聊著他跟其他阿爾巴尼亞人的異同，他竟然皺眉：「你們好了解這裡的文化，該不會是情報員來假扮觀光客吧？」

　　我們在臺灣，有認識這麼多不同生活圈的人嗎？對臺灣的歷史事件，有聽過這麼多不同角度的切身故事嗎？這些問題，都等我們回臺灣搭便車再來解答吧。

身為女性的美好與現實

　　在阿爾巴尼亞旅行的日子，很難想像它在媒體上總是跟毒品、人口販子掛勾，被稱為歐洲最貧窮，也最危險的國家之一。我們眼中的阿爾巴尼亞簡直是個大村莊，充滿對外國人的好奇心，想把一切最好的都給你。

　　我們兩個遠道而來的亞洲女孩像是移動的觀光景點，不少人氣喘吁吁地跑來合照。每個路口都有婆婆媽媽輪番包圍，想拖我們去巴士站。如果找不到我們口中的旅館，就讓我們住家裡，還包三餐兼導遊和司機。在山裡健行，就被邀回家喝咖啡，厝邊隔壁通通跑來，晚餐像過年般熱鬧，玩遊戲、跳傳統舞蹈，擔心外面太黑太冷，還堅持要我們住下，讓出床自己去睡沙發……阿爾巴尼亞人永遠都有時間待客，戶戶都供應特濃、比全糖甜兩倍的咖啡及薄荷茶、乳酪派，還真沒旅行過這麼便利的國家。身為背包客，根本不用做功課，只要開口問，阿爾巴尼亞人會罩你到底！

　　我們愛死阿爾巴尼亞……如果沒在這裡搭便車的話。

　　幾乎每臺車的駕駛都熱烈地想跟我們發生性關係。剛開始覺得是鬧劇，後來完全是噩夢無止境。

　　男性駕駛各個長相和藹、語氣歡快地用各種方式「拜託」我們。他們用殘破的英文強烈自我讚揚：「用過的都說讚」、「你沒試過穆斯林的不一樣」、「沒試過臺灣，拜託」、「我很好，你也很好，可以」……不可以！即便我們咬牙切齒，駕駛也道歉，表示不再問，卻沒幾分鐘就會捲土重來。好像「只是約喝茶，有何不可？」他們「友善」地鬼打牆，實在令人火冒三丈。在快速道路或山路上的我們，只能不斷換車，緩慢前往目的地。

　　一直以來，我們仗著嬌弱亞洲女孩軀殼，便車旅程一路順遂，因為歐洲人或多或少對亞洲文化好奇，我們又是沒什麼威脅性的女背包客，曾有駕駛繞過前面幾組搭便車的男性，直接停在我倆面前。那超美好的性別不平等待遇，在阿爾巴尼亞不但沒有延續，還狠狠踢到鐵板。

健行時認識的一家人，邀我們入住，鄰居都跑來，如過年般熱鬧。

性騷擾原來是文化衝擊？

連打工換宿的露營區老闆丹尼斯，也不斷對我們發送一夜情邀請。白天是朋友般閒聊的理智上司，入夜後愈來愈明顯的碰觸或言語刺探，我們拒絕卻無效。

黃賽從困擾轉成好奇，以旁觀者的身分問丹尼斯：「為什麼失敗這麼多次，你還不死心？」

「男生本來就要主動點，阿爾巴尼亞的女生都很被動，問什麼都說不，就算問了一百次她都拒絕，很可能她心裡是答應的，最後就會說好。」

丹尼爾的回答讓我們終於理解，在阿爾巴尼亞的穆斯林文化背景下，女性必須表現極為保守，因此男女間的相處模式跟我們的習慣落差很大。

阿爾巴尼亞性別界限刻得嚴謹，我們在找沙發時也強烈感受到。第一次看到這麼多標註「性別限制」的沙發，表示只接待同性客人，否則會影響工作。

阿爾巴尼亞的沙發並不多，我們幸運落腳一個美國男老師詹姆士家裡。

「如果男生家中來去不固定女性，會被說閒話，女生更不用說了。」詹姆士說：「但大家知道我是美國人，不會干涉我的私生活，他們想『美國人都這樣。』」

詹姆士參加和平合作組織而來，到落後國家當英文助教。他在這個深山小村落富舍阿勒茲（Fushe Arrez）待了一年多，帶入書本、舉辦營隊活動，目的是促進孩子的國際溝通。

當地的家庭觀念很深，像傳統華人社會，很多都是大家族。兒子賺的錢直接交由母親處理是常態。像露營區的老闆，正職是廣告創意總監，仍舊把薪水直接給媽媽管，自己只拿零用錢。也因為沒什麼社會福利，撫老育幼的責任完全落在家族身上。

「這裡的男子有多個女朋友很正常，但他們對女朋友的定義很寬，一起單獨喝咖啡就算是了。」我們依著傳統火爐聊天：「這裡的男生在生活或性上都很自由，想成家多是媽媽張羅，女生則是婚前喪偶都要守貞。」

同樣跟著和平合作組織計畫來的美國女老師麗莎，可就沒詹姆士這麼自由。若發生「家中有陌生男性進出」這種不檢點的行為，會影響她的教職。她就連沒趕上公車，想要搭便車，都得確定車內有女性或者是家庭。

這裡的文化讓男子覺得願意與他單獨共處，就表示有意願發展進一步關係，他們也知道我們非穆斯林，沒有守貞的戒條，加上男性要強勢、主動的習慣……看來我們在阿爾巴尼亞遇到大把惱人駕駛，原來是種文化衝擊。而且不付錢搭便車的行為，在某些路段，也會被誤以為是妓女。

女生旅行，實在要看清楚當地國情、宗教、文化背景，轉換應對方式。就算同樣是以穆斯林為主的國家，搭便車遇到的情況也大不相同。如果再次來到阿爾巴尼亞，我們是不會搭便車了。

露營區有個荷蘭男子入住，只背著小背包旅行巴爾幹半島，一坐下就跟我們分享大量食物，各種水果、起司、麵包、甚至紅酒，邊嚷著阿爾巴尼亞人有多好多好。

「這都是剛才的便車司機給的。」他輕鬆地說。

我們雙眼發直，羨慕死啦！男生等的時間較長，但會願意載的，幾乎都是沒有居心的好駕駛。

「我也有被騷擾過啦。」聽我們抱怨，他認真數了一下：「大概兩次。」

「我們在這裡十分鐘內就超過兩次！」

阿爾巴尼亞對我們來說是沒有受資本主義染指的淨土，當地人則苦惱國際大企業不想來設廠投資。人們沒有多餘的錢買農藥、輸入外國貨品，因此大多數的鄉鎮都是吃在地、有機、純手工無添加的食材，鮮乳及乳製品也是酪農固定下山來販售的，超新鮮！

希馬拉海灘。

PART **6**

土耳其
姊要來打破體制

雌雄同體，
你好伊斯坦堡

「你絕對是個老兄！」

伊斯坦堡沙發主尤瑟夫原本悠哉地攤在沙發上逗貓，瞬間震驚得下巴都快掉下來，一臉佩服地豎起大拇指說。

老王活脫像畫上兩撇鬍子的道明寺，包上嘻哈頭巾，睥睨一切的眼神讓人誤以為是電影艋舺裡的蚊子，惹到她一不留神餵你一記飛踢！

剛把眼影筆暈在下巴如鬍碴的黃賽，繫上紫紅色領帶，搭配綠襯衫，圓草帽下掛著大圓墨鏡，時而蹦跳跑進跑出徵詢意見，時而在浴室磨蹭，彷彿是娘版的蒙古大夫。

尤瑟夫淺笑，一副等著看好戲的樣子：「全伊斯坦堡的女生都危險啦！」

我們驕傲得狐狸尾巴都要翹起來了，丟下：「撐到晚上就到酒吧幫你帶幾個妹！」迫不及待勇闖伊斯坦堡。

會有這個歪念頭，主要是因為進入巴爾幹以來，單身女性旅行遇到太多騷擾，以及許多我們憧憬的古文明，如摩洛哥、埃及、印度，總因為性別問題而被警告。再加上土耳其小販，讓人渾身起雞皮疙瘩的調情攻勢。內心好奇如果我是男生，會不會一切都改變？黃賽和老王的實驗癮頭大作，決定女扮男裝遊伊斯坦堡，並設定一個挑戰性的目標：不圍頭巾潛入藍色清真寺！

蓄鬍帥美眉

走在路上，我們不斷互相確認：「喂，你有帶氣勢在走嗎？」

提肛縮腹，撐出胸膛，腳帶外八，不交談，直視前方不東張西望，然而土耳其七月毒辣的豔陽，逼著一滴滴汗水，沁入為了掩飾身材的不透氣夾克裡，我們不到五分鐘就累了……男人的骨架、繃緊緊的肩，太難模仿了！

餘光瞄到生靈活現的路上風光，搔得心亂癢，以前的我們早就婆媽地一屁股坐下和當地人抬槓，瞬間驚覺「正港男子」的壓抑。

在伊斯坦堡，因為每天都要走半個多小時經過一大塊傳統民生區才可以到遠方的景點，所以我們走在路上真的像外星人備受注目。

　　黃賽開路，老王墊後，從沙發主家到觀光老城會經過一段傳統民生區，很多是小戶型的家族企業，家族製鞋工廠、家族烤餅店、家族澡堂……以男性工作者居多。過去他們都會擺出各種自以為帥氣的姿勢要我們拍照，今天所有發懶的、喝茶的、下棋的、行走的男人，瞄一眼黃賽，瞬間睜大眼，一個個轉頭死盯她離去，回身正要開口交談，又被老王嚇得眼珠子都要滾出來。

　　心裡笑看路人的反應，有立刻大笑的服務生；一臉呆滯轉身狂喊朋友的行人；恍然大悟想拍照的客人；聽到聲音追出來看清楚的店員；忘了釣魚，任釣竿空轉的釣客……

　　甚至黃賽一度忘記男兒身，以女孩子聲音問老闆：「那個古式珠寶盒要多少錢？」老闆遲疑地倒退兩步，轉身拿溼紙巾要幫忙擦鬍子，黃賽趕緊以一種這是我們兩個之間的祕密口吻噓他。

　　因為不知我們是何方神聖，多數人仍會禮貌性盯著我們眼睛回答問題，這樣不男不女的打扮，真心覺得比單純女性享有更多的尊重。

男生坐著一定要腳開開嗎？　　　　　　　　　老王黃賽誰比較像男人？

平時路過埃及市集，總因為土耳其小販把妹招數笑到噴飯，以一種老派牛郎店的姿態說「我愛你（中文）」、「你是天使嗎」、「美女你掉了東西……我的心」、「我可以用整家店換你嗎」、「我只是想和你牽手過紅綠燈」，今天反而有機會遇到真正有趣的侍者，他邊大笑邊說：「嘿，男士們，我想你們需要真正的啤酒！」（英文啤酒 beer 跟大鬍子 beard 發音雷同）

仍有大膽搭訕的男子，在我們冷漠不搭理且微瞪一眼後，調情氣勢瞬間崩盤，甚至委屈地小聲呢喃：「我們其實不是壞人……」就離開。以前他們可是會勾勾纏的！

說到當男人的壞處，或許是迷路時攤開巨幅地圖思忖良久，以往大概十秒就有人主動黏上來要當導遊，現在竟然像雕像一樣自動被當地人忽略。

勇闖清真寺

愈接近藍色清真寺，內心愈忐忑不安，畢竟清真寺是穆斯林的心靈聖地，要求衣著得體，女性要包頭巾，對身為（偽）男兒的我們，是演技的終極試煉。

在接近門口三個管理員時，已聽見一聲輕笑，但我們自欺欺人地斷定：「應該跟我們的長相無關。」

脫鞋後老王先上，和男性管理員大眼瞪小眼，用眼神交換腦波。

「這可以嗎？」

「我可以嗎？」

「我該問他／她？」

「我該說我是他／她？」

「可以嗎？」

「這……？」（以上是根據彼此眉宇進行的推測）

在這個僵局中，老王以「我就是男的，懷疑也不准問！」的氣勢，

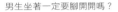

伊斯坦堡的埃及市集。　　　　　　　　土耳其咖啡專賣店。　　　　　　　　土耳其甜點，庫內法 Kunefe。

挑眉看一眼他手中的頭巾並往前半步，管理人員手一鬆往後半步，感覺回答了無聲的「可以」，而老王內心早已炸開如少女喊「耶！」鎮定走入。

　　輪到黃賽停在女性管理員前，她問：「你需要頭巾嗎？」黃賽回答：「不！」她按捺不住竊笑：「……你是女的吧？」黃賽心跳漏了一拍，假裝鎮定地壓低聲音：「不……」倏地一陣沉默，管理人員帶著顫音問：「……你確定嗎？」黃賽再也吞不下笑意，四人一起笑得花枝亂顫，哈哈哈哈哈，老王早已手刀跑離現場，以免連坐處分。

　　拿著頭巾的黃賽極不甘心而堅持不戴上。

　　夕陽時分是伊斯坦堡最宜人的時刻，海風順著貓毛的紋理，讓熱力帶來的煩躁緩緩平復。走在連接舊城與新城區的加拉塔橋底（Galata Bridge），海鮮餐廳侍者隨著我們前進的步伐，一路左右蹦跳出來，「先生或女士？」

　　「為什麼？」

　　「我猜你們是女的！」

　　臉躲在菜單後面偷看，歡樂得像音樂劇。原本因為身為女生的不平衡，也像被海浪捲走，心裡湧起對土耳其人的喜愛，對於我們荒謬行徑的寬容，還幽默地一搭一唱，穆斯林絕大多數是熱情善良的。

　　其實不管男女，都深受刻板印象之苦，因為社會期待的主導，漸漸忽略心裡暖暖的、軟軟的喜歡，我們甚至突發奇想：

　　「為什麼男生或女生不能單純因為喜歡，做自己想做的事？」

　　「為什麼不能雌雄同體呢？」

　　　　「畢竟是個男人也可以留長髮的年代啊！」

　　　　「那為什麼沒有穿洋裝的蓄鬍女子？」

　　　　　請大家也開始接受蓄鬍帥美眉吧！

禁止攀爬

　　沒錢的旅行者除了要很會轉換心境之外，也要會開發獨特的與城市互動的方式，畢竟我們要錢沒有，但好手好腳好多時間。

　　「去卡帕多奇亞高原，一定要搭熱氣球！」每一篇遊記都散發出這個氣息，我們當然興奮地查價格……臺幣四千元。知道價格之後，我們開始瀏覽熱氣球爆炸、超載、互撞等意外新聞，心安理得地想：「啊～錢小事，但太危險了，我們還是別去吧！」

在家靠沙發，出外靠雙腿

　　感謝經營旅館的沙發主邀請，讓我們免費住在他的洞穴旅館中，很妙的是旅館主人去海邊度假了，只剩下一臉無奈的員工，面對兩個不用付錢的沙發客。

　　大部分的人來卡帕多奇亞都會選擇跟一日旅行團，感謝大家，讓我們有很多團可以免錢偷跟。在這麼多奇岩怪石的區域，我們躲在一朵朵岩石蘑菇後面，保持不近不遠的距離竊聽，或者假裝聽不懂英文地東張西望，人走了再仔細研究剛剛導遊說的地方。一團聽不夠，還可以躺著續攤，聽下一團導覽。太隨性的我們，在看完玫瑰谷的日落後，天色已黑，出口離格雷梅市區有八公里路，而巴士末班車已經離開。

　　我們猶豫著要不要厚臉皮，請導覽團順路載我們，但來不及舉手，車子就開走了，留下我們在荒煙蔓草中。其實也才八點半不算太晚，不過超怕發生一些「呸呸呸不要說」的事情，我倆立刻雙腿裝馬達，一句話不吭，筆直往格雷梅市區前進，整路只聽見噠噠的快走聲……

　　「是前面亮亮的那區嗎？」

　　「怎麼可能，還很遠吧？一定是我們漏看中間有個城鎮。」

　　「也對，不然就是光線折射，其實還很遠。」

　　接近這個被歸為海市蜃樓的城鎮，意外發現：「是耶！格雷梅到了！」

　　我們是不是高速到衝破任意門而不自知呢？訝異於幾個月的旅行讓我們練就一雙快腿。

攀爬是我們在土耳其的最佳寫照。

　　回到市區，儘管餓極，把當日預算移去買郵票的老王，面對黃賽邀約共食，非常矜持地只吃一小口，怕開胃。隔天超早就把黃賽搖醒，快活地邀她一起去吃早餐。

　　這種錙銖計較的窮遊性格，養成我們如果有付錢，就要玩到回本的習慣。付費參觀完奇岩城堡，旁邊一大區菌菇煙囪屋，錯落於荒煙蔓草中，似乎人跡罕至，但潛藏在我們血液裡的貪小便宜性格發作，有付錢就要玩透透，當然要走一回，沒路也阻擋不了我們。一路曲折傾斜，手腳並用，溜滑梯似的移動，當自己賺到「滑沙行程」，還誤走上別人家的陽臺，似乎是廣大煙囪屋裡寥寥可數還有住人的幾戶人家，老伯伯邀請我們入煙囪屋參觀他家，語言不通，但大概想賣掉房子或地毯之類，我們兩個難道看起來像看房的新婚夫妻嗎？

哥走的可是在地人路線

　　這樣極致地運用雙腿，任意登高、攀爬，似乎就是我們荒謬旅行的訣竅之一。之前在歐洲聞名的登山中心，城市高低差可達兩千公尺的奧地利城市：因斯布魯克。我們攀登的不是山，是冬奧跳臺滑雪場的圍籬和教堂鐘塔。

　　一個話不多但笑起來很可愛的義大利朋友派克，自告奮勇要帶我們去冬季奧運跳臺滑雪會場，居高臨下看城市。他不依柏油路上的指標，堅持走記憶中的捷徑，在叢林裡亂繞的我們，手腳並用地攀爬，根本是迷路的登山客。

　　經過不短的時間，跳臺終於進入視線，但映入眼簾的，是出乎意料的高鐵網。傻眼的我們轉頭看派克，他摸摸頭，不好意思地笑笑，正當我們決定打道回府，他瞬間

潛入冬季奧運會場。

就翻過鐵網，在裡面傻笑，我們下巴都要掉了！他慫恿我們也爬過去，心裡覺得這個人太荒唐，同時也升起玩樂的童心，真的就用很糗的姿勢攀進去了。

逛完塔臺，還跟著遊客搭小火車下來，大搖大擺地從入口離去時，才發現原來參觀是要費用的。分明是誤打誤撞的派克，這時可得意了：「看！那是觀光客入口，跟我走的可是在地人路線。」

派克有個看起來超不正經的朋友，竟然是天主教修士！曾經為愛棄主的他，因對方劈腿，痛徹心扉地回歸，繼續愛不會背叛人的天主。修道士的一日行程，除了念禱文，也要打掃、當園丁、種菜，看顧地下室的釀酒窖，出售教堂牌自釀酒。他要我們隔天到教堂找他，帶我們去祕密基地。

修道士口中的祕密基地，是教堂高高的鐘樓，跟夥伴泰然自若地打完招呼後，他悄悄拿出一把銅鑰匙，轉開厚重的木門。

整個鐘樓是木造建築，有著多層階梯和複雜木梁。我們經過各個大小不一的鐘，忽然被座比人還大的銅鐘堵住路徑，修道士看錶計算時間，因為現在敲鐘都自動化了，如果三分鐘內就要敲鐘的話，對必須壓低身子，從下面穿越這座鐘的我們會非常危險。

隨著階梯攀升，到塔頂的最後一段路，是垂直貼牆的木梯，有點懼高的黃賽很剉，打算停在窗邊看風景就好。

「這個梯子很穩固的，教堂維修鐘的老先生大概有一百公斤，他每天爬一次，在這裡走一輩子都沒事！」修道士把老王送上去後，下樓鼓勵黃賽：「上面是不一樣的風景，我會在下面注意你的每一步，你朋友會帶你上去的。上面很美，不要再眷戀這個高度。」

黃賽一步一步登頂，塔頂風景再美、視野再廣，都比不上克服恐懼的豁然開朗。面對恐懼的時候，總會有溫暖的人出現啊！每次遇到困境或困惑，都會有人出現拉我們一把，人真是一種很棒的生物。「這裡採光好好又好涼，很想在這裡看書欸。」老王表示：「如果沒有這麼多鴿子跟蝙蝠屎的話啦……味道好重，我差不多要下去了。」

教堂頂端的祕密基地。

姊酌的是昨夜未完的浪漫

　　這股攀登興致，也延續到我們旅行捷克時，抵達被認定為世界文化遺產的泰爾奇小鎮。它以各種牛奶瓶造型屋頂聞名，是好可愛的小地方。湖、森林、城堡、古鎮……什麼都有，但都小小的，像用放大鏡看玩具城。地圖上看似重要的電話標示，我們以為是電信公司，結果是個窄窄的電話亭；看來超有規模的射箭場，真實大小是夜市擺的攤子。沿路到處都是蘋果樹，在美好的湖邊，隨便拍都像畫家會安養晚年的地方。

　　我們住在民宿頂樓，「這個斜天窗離屋頂很近，說不定可以去屋頂看星星。」黃賽隨口說，老王就直接爬出去探路了，黃賽傻眼地說：「你是野生動物嗎？」沒想到復古屋頂，只有門面有設計，中間是一般的鐵皮尖頂屋，從屋頂張望，這個小鎮根本像舞臺劇搭景。因為沒有預期中，那起起伏伏的攀岩樂趣而失落，不過身在世界文化遺產的屋頂上眺望，仍別有一番風味。我們照計畫買了啤酒，準備躺在屋頂上，飲酒配星月，結果晚上太冷，我們只肯躲在屋子裡喝熱茶。

　　沒人喝的啤酒，只好隔天離開時在晃蕩的巴士上灌掉，其他乘客一定不懂我們在幹嘛，大白天就硬要酌酒……姊酌的是昨夜未完的浪漫啦！

老王黃賽大鬧小人國。

全城瘋戒中

適逢齋戒月，我們身在宗教重鎮康亞，跟所有人一起滴水不沾整個白天了。

只有在太陽升起之前的清晨及日落後才能喝水進食的齋戒月，今年時間表大約是清晨三點吃早餐，晚間八點半吃晚餐。

晚間八點二十分，可以看見戶外、室內桌桌交談的民眾，早已準備就緒，卻刻意忽略眼前的豐盛食物。大家心照不宣地交換眼神，分享食物、餐具，不認識的人此刻都是共患難的好夥伴。當清真寺廣播發出雜訊，幾乎可以聽見所有人心底的歡呼。晚間誦念的禱告聲結束，大家迅速吃顆椰棗，開始大快朵頤！

跟當地人聊了才曉得，齋戒跟飢餓三十的概念很像，藉由飢餓，體驗窮人生活，更珍惜擁有的，進而去理解幫助他人。不只禁食，同時也禁欲、髒話、邪念、動粗……如果生病、懷孕等，因生理狀況，或外國人，可以在齋戒月期間正常進食，不會有人責怪。

而像康亞這樣，整個城鎮都進行齋戒的，在土耳其西半部其實算是少數了。其他城市大概只有齋戒月第一天餐廳人較少，很快就一如往常。

餓到昏再吃到撐

來之前，大家都說這裡超傳統、保守，還叫我們在街上最好包得跟在清真寺一樣，才不會招白眼。因此與布瑞克和布夏這對情侶檔見面時，我們大感意外，怎麼不是包緊緊的傳統伊斯蘭情侶檔？年輕的他們沒有遮髮、戴小帽，但也虔誠地進行齋戒。什麼傳統、保守，其實也還好嘛！虔誠的信仰，已經跟現代生活調適融合，好比布瑞克和布夏自然地婚前同居，布夏不但沒有包頭巾的習慣，下巴還有穿環。

非常熱情的伊斯蘭情侶檔。

　　這對情侶檔把房間內的兩張單人床讓給我們，還拿出一把「客人用」吉他，因為他們兩個都不會彈，吉他是買來讓登門拜訪的客人使用的。不會彈也沒關係，那就來規畫出去玩的行程表。布瑞克拿出行事曆與白紙，在我們簽證限制時間內，列出土耳其玩透透之旅，有南部海岸曬日光浴四分之一天，或坐十二小時車，殺到土東看遺址兩個半小時……這是什麼超人行程？

　　在他們的熱情接待下，明明最不該吃東西的月分，在記憶裡卻充滿食物。

　　對付挑戰飢餓極限的這幾天，我們的策略是狂睡到下午三點，簡單活動後，就緩慢開始準備晚餐，日落前一個小時最難熬，又餓又渴，好想化身駱駝。

　　布夏總會變出豐盛食物填滿餐桌，讓大家一路從晚間八點半吃到十點，再邊做點心邊吃到半夜十二點。當我們開始像遊魂晃蕩或衝去睡時，布夏則是開始準備早餐。接近凌晨三點的時候，我們邊喊著：「不要逼我！」邊被情侶檔挖起來，苦口婆心勸：「一定要吃，不然白天會很餓。」

　　就這樣，每天神智不清地面對桌面塞不下的食物，如果是正常早餐時間，真的很幸福，有人準備整桌早餐，與朋友在意識渾沌地瘋言瘋語、不斷彼此重複、雞同鴨講的笑鬧中慢慢清醒……可惜是發生在半夜三點半，等清真寺的唱鳴廣播結束，就要帶著清醒的腦，以及超撐的肚皮去睡回籠覺啦！

　　每天餓昏頭再吃超飽的日子才過兩天，精神跟身體都筋疲力盡，要有多強的意志才能在齋戒月期間正常上班、保持友善？「入境隨俗」有其獨特的魅力，但還是要量力而為啊！

　　沒想到這種不帶批判的亂入，竟讓當地人感動萬分。有天跟布瑞克及布夏搭地鐵時，有人發現我們兩個外地人也在進行齋戒，特地請布瑞克轉達他的敬意與感動。

　　「你們是我們接待的第一組客人，也是最令我們驕傲的一組！」他們不但狂跟之後的客人炫耀，還列出一整年的休假日，要我們按時回去度假，哥哥姊姊罩！

土耳其各色商店。　　　　　　　　　　　　　　　　　　　　　　　藍色清真寺。

土耳其便車記

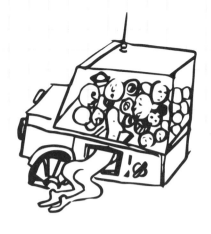

　　剛開始準備在土耳其搭便車時，網路上的資料讓我們很緊張，因為給女性的注意事項落落長，似乎連老手都遇過很糟的經驗，但整體來說，停車頻率非常高，是個友善的搭便車環境。對土耳其現代化程度完全不了解的我們，照著網站抄下了很多怪異的土耳其對話：

1. 土耳其很美，我覺得土耳其人很好客。

用讚美帶出人性美好的一面，絕對不能顯露擔心害怕，讓自己的氣勢弱一截。

2. 我有土耳其男朋友。

表示自己有穩定交往中的在地人，打消對方邪念。

3. 我是處女。

這句話我們邊抄邊爆笑。網站的說法是因為保守的伊斯蘭文化非常尊重處女，全家族的男性都會保護她不受傷害。

4. 我不是俄羅斯人。

這是因為不少俄羅斯妓女會攔車招客。雖然覺得會把我們誤認成俄羅斯人的司機，視力應該不足以擁有駕照，但還是乖乖地寫下來。

5. 我不是 Natasha。

似乎是很多俄羅斯妓女的花名。

　　於是，我們打扮得超像觀光客，擺出撲克臉，帶著謹慎的心情開始攔車，並避免任何會被誤認為調情的舉動，只要感覺不對的司機就立刻拒絕。

土耳其不同於刻板印象，是非常友善的搭便車環境。

　　非常幸運的，我們當天都坐上好人的車。而且土耳其司機的停車率，頻繁到好像我們在發免費水似的。透早趕著去市集的土耳其小販雙人檔，開著滿載渾圓大西瓜的廂型車，順道載我們一程。他們不忍心兩個小女生在後座與西瓜為伍，硬逼我們坐前座，其中一個小販只好以非常扭曲的姿態盤踞在快滿出來的西瓜身上，像臥底在西瓜裡的 007 情報員。

　　還有熱心的阿公，即使言語不通也願意載我們。在荒無人煙的卡帕多奇亞，連一臺車都沒有，溫和有禮的阿公邀請我們搭他便車，我比手畫腳問他車子在哪？信手一指，竟然是遠方兩層樓高的耕耘機！還有車頂煙囪乍看像是霍爾的移動城堡。我歡天喜地地跳上車不到十分鐘就萬分後悔，車行速度大概只比走路快，但上下跳動幅度之大，我時不時會震出窗外，阿公時不時要把我攔腰抓回來，可惜阿公不是霍爾……

　　而照抄網路資訊的土耳其文，雖然不能說不正確，卻沒什麼用。畢竟有什麼情況會讓我們跟司機聊到「我是處女」呢？司機會把外國女性放在傳統的文化脈絡下思考嗎？這類的話題還是能避就避，以免話題走歪……不過網路上被我們當成趣談看的「推薦住宿：卡車司機車上配備的第二張床」竟然真的幫助了我們。

　　從伊斯坦堡市區到番紅花古城的交通時間比預期漫長，根本無法在天黑前抵達。天色漸暗，我們用殘破的土耳其單字，跟長得像勞勃狄尼諾的卡車司機表示打算在他

無限延伸的公路

停的小鎮隨意找便宜住宿，他聽懂後卻指指身後，我們才看見除了座位後的床鋪外，卡車車頂還配備下拉式的單人上鋪。

土耳其勞勃狄尼諾開車時不太理人，很明顯他只是順道載我們，渾身沒有散發出什麼怪異的氣息。既然網站上很多人嘗試過，加上我們有兩個人壯膽，就接受了他的好意。

熄燈前他拿出礦泉水嚴肅地要我們洗手洗腳，覺得洗不夠乾淨，還快速幫我們搓洗，自己再洗手。接著他指指我們，再作勢拉拉自己的褲子後消失。

「他是要我們脫褲子的意思嗎？」

「怎麼可能？這樣誤會別人的意思，然後脫褲子也太蠢了吧！」兩人大笑一陣就逕自爬上床。

換完睡衣的土耳其勞勃狄尼諾回來，眉頭一皺，指著我們的褲子開始碎念，拍拍床鋪，很明顯地表示床鋪很乾淨，而褲子很髒。於是我們連聲道歉，他則關燈，邊碎念邊回到下鋪。雖然不脫褲子他也不會發現，但我們還是乖乖把「不潔之物」褪下，摺好放在床尾，用棉被把自己遮好，過了比愛侶共枕眠還擁擠的一夜。

隔天清晨，司機爽朗地送我們坐上正確方向的卡車後才離開。事後黃賽發現自己褲子口袋裡的零錢包留在卡車上，如果告訴別人錢包掉了的原因是：「因為司機要求，我們就脫褲子在車上睡了一晚。」也太兒童不宜了吧！

西瓜車司機。　　　　　　　　　　　　土耳其勞勃狄尼諾。

　　不過就算聯絡到司機，這個錢包大概也早就被清理掉了。在土耳其，卡車上都毫無雜物，在其他歐洲國家搭的卡車內，大多散落著各種物品，畢竟這是司機的生活空間。開長途車時，幾個禮拜吃、睡幾乎都在車上，但穆斯林果然名不虛傳，不僅非常整潔，很多車內還鋪絨毛布呢。

　　想起其中一個司機說：「真正的穆斯林會盡全力幫助陌生人，讓遇見自己的這段經歷，成為對方當天最美好的回憶。」這種偉大的情操，在土耳其搭便車能深刻感受到，甚至我們還沒開始攔車，就在隔壁車道等我們；或是花時間亂繞，幫我們找到穿越公路鐵網的祕境；或者天氣太熱，帶我們順道回去見家人休息一下；還有特地繞路，送我們直達目的地的人……

直覺判斷力

　　頻繁地搭便車是另一種叢林生存遊戲，把我們的野性都逼出來了，對自己的直覺會產生一種強烈的信賴，知道自己警覺性比過去高，交談沒幾句，就大概能知道車內的相處狀況，也能很直率地挑車跟拒絕：「我們不是要去這個方向」、「我們在等朋友」。

　　瑞典換宿家庭的媽媽愛蜜莉，教我們一種磨練直覺的方法：「猜汽車的顏色。」也就是待在路邊時，猜測下一輛出現車的顏色，甚至種類、駕駛。這個訓練讓我們等車時不無聊，連續猜對三臺車顏色的瞬間很奇妙，好像可以更清楚地感覺到別人的意圖，簡直像神奇寶貝進化！

　　直覺需要經驗累積，千萬別因為司機背後車流的混亂以及時間壓力，就選擇趕快上車而不花時間做判斷。經驗的來源不只自己，還能從網路上補充各種資料庫，增進判斷能力。好比保加利亞，之前是共產國家，並非人人有車的關係，滿習慣載陌生人，所以大家在保加利亞搭便車的經驗都很正向，即使駕駛說這國家有多危險，我們也不

膽戰心驚，甚至連續四臺車停下來，排隊等我們選擇誰的路線比較相符，也不會太意外。在土耳其，司機對便車客司空見慣，因此我們審車的標準可以非常高，反正車會不斷停下來。

挑車的重要關鍵除了駕駛的姿態跟應答，眼神能明顯透露出不同意圖。意圖不軌的人，不關心我們想去哪裡，而是打量長相。

某次雨天，在緊貼山壁的公路旁攔車，儘管駕駛眼神閃爍，車內有讓人不舒服的氣味，也沒問目的地，就要我們上車。當時只想盡快離開那個危險地區的我們冒險上車，果不其然，沒多久駕駛就開始對我們比手勢出價，見我們不懂，手臂還輕滑過老王的腿。嚴正拒絕後，駕駛很快就停車了。

很多看似需要立刻做出的決定，其實都是自己設下的陷阱，無論是混亂車流中駕駛著急地問，或看似難得一見的機會，都可以慢下來、安下心來決定。

相信自己的直覺，不猶豫地拒絕，是搭便車的重點。沒有什麼東西追著我們跑，造成威脅的，是對自己的不信賴以及對未知的恐懼。決定權永遠是在自己手上，別讓壓力影響自己的判斷力。

說實在，比起最開始搭便車的愉快天真，我們現在會選擇性地與駕駛保持較遠距離，想要維持清爽關係，讓自己散發出友善但沒過度吸引力的氣息。對旅行的女性來說，是種才華，以免對方想要進一步……到底搭便車，花這麼多精神的用意在哪裡呢？

除了期待未知的興奮，也有玩雲霄飛車的刺激感、挑戰關卡的成就感。搭便車把自己推往不穩的狀態，磨警覺、磨看人的標準、磨信賴的界線。希望能學會在臺灣學不來的事，磨掉過度相信、依靠他人的個性，以及選擇舒適道路的習慣。

騙子軟實力

如果直覺出了錯該怎麼辦？即使剛上車時令人安心的駕駛，還是必須注意。

曾經有一次，司機在談話中讓我們有點小緊張，以為自己誤會，沒想到他忽然有意無意地抓了黃賽的手，在後座的老王帶點不快地講話，表示這讓我們不舒服，駕駛才開始緊張，變得小心翼翼，下車時可以感覺到，他在等我們決定要不要握手道別，而非過度親近。

港口海關。

也曾遇到完全把我們當酒店妹的開朗大叔，在路邊咖啡店休息的空檔，強勢拉近椅子，作勢要我們親他。老王直接拒絕好幾次，駕駛還用手勢表達我們不知好歹，如果沒有黃賽在一旁解釋，不曉得會怎麼樣。遇到這種老油條，是否有更和樂的處理方法而非發怒？這就要靠軟實力了。

1. 把自己放在值得被尊重的位置。

我並沒有錯，搭便車本來就不是利益交換，而是互相幫助，在一成不變的道路上，剛好同路的愉快陪伴。如果對方是為了特定目的而停車，或者以施捨者的心態，我才不想上車。

大多搭便車的時候，無論遇到誰都能平等地聊天。因為是巧遇，單純感覺到好的聯繫，便願意多幫忙、給機會，但親切、友善反倒被認為是輕浮和隨便，這之間的分際該如何掌握？

在伊斯坦堡嘗試女扮男裝後，卸下男裝，我們層層抽絲剝繭，除了性別差異之外，不男不女的我們，為什麼反而得到比較多的尊重？想著當初硬撐出的氣勢「老娘就是男的，沒由得你懷疑」的坦蕩，發現「氣勢」是很重要的，讓對方清楚「即便我們是搭便車，很感激你的幫忙，但仍需要被尊重」。

以自己值得被尊重的氣勢、誠懇的態度與司機交談，依照國情，不穿著暴露，不斷透露自己平凡背包客的身分，在土耳其面臨的騷擾，反而比在巴爾幹少很多。

公路巴士站。

2. 男友的名片。

　　和司機交談，看似輕鬆，其實眼睛、耳朵、身上的每一根毛髮，都分分秒秒在解讀情勢，判斷對話背後的意思，有任何不喜歡、不舒服都直接地表達，揭發對方的歹意，但也要相當有技巧，使用騙術脫身有時比直接反抗來得有效。

　　記得有一次在土耳其碰到怪異的卡車司機，才開沒多久就一直問我累不累。指指卡車後座的上下床鋪要我休息躺躺，指著他自己，又指著我，再指著床，兩指不斷地搓揉。

　　「男朋友？」司機對我眨了眨眼。

　　瞬間所有瘋狂情節在我腦中鮮活上演，心臟都要從喉嚨裡跳出來了。我強裝鎮定把心跳壓下來，不知哪來的靈感從口袋掏出名片，正好是臺灣駐土耳其代表處祕書的，直接推到司機眼皮底下。

　　「他是我男朋友，我要去下一個城市找他。」

　　司機翻了翻名片端詳老半天，還問了許多男朋友的細節，我也順口胡謅，自此之後，以為我大有來頭，對我謙和有禮。

　　於是我開始搜集頭銜很大的名片，或把沙發主電話和照片截圖，只要搭便車司機話題一歪掉，我馬上奉上名片，秀照片說他是我男友，我要去下一個城市找他。如果又歪掉，就佯裝要傳簡訊或打電話，以最純真無邪的笑臉警告司機：「我男朋友問我在哪裡，我跟他說你的車牌號碼喔～」

超有趣的夫妻檔，載我們的第一件事是把上衣扎好。

　　曾有司機不信邪，還真打了名片上的電話號碼，還好沙發主各個都見過大風大浪，一一幫我們圓謊。我在土耳其不知換了多少個男朋友，有時候少根筋，還把男朋友名片忘在便車司機車上。

3. 讓全世界的人願意在我面前當一個好人。

　　其實大部分遇到的司機都是普通人，大家都想被當作好人，才可以無憂無慮過普通生活，只是有時候會打歪主意而已。所以我除了被動地面臨危機，為何不主動地讓每一個人都願意在我面前當一個好人呢？

　　記得前往歐洲的前夕，大學教授以戰地記者的口吻，送上四字箴言「機警如蛇」。我乖乖地把老師的話對折再對折，收在心底。老師順帶奉上一則故事，說她年輕的時候在美國念書，有一次和朋友安娜在佛羅里達的海邊散步，有一個慢跑的黑人往老師這邊靠過來，安娜熱情地主動和黑人搭話，友善地閒話家常，卻暗地裡把老師的包包收緊，等到了下一個轉角，黑人與她們道別，並好心地指引他們不要往左邊走，有人埋伏搶劫。等黑人離開，安娜才鬆了一口氣告訴老師，黑人其實才是搶劫的主謀，但他放棄了。安娜並沒有白目地喊小偷，有時候人與人之間的相處和態度可以扭轉一切。

　　我又把「態度」對折再對折。

　　老師的一席話，變成我們搭便車的至理名言。自身「態度」可以改變情勢，以柔克剛，危機也能化為轉機。當下次再度豎起大拇指的時候，路過的人也願意在我面前當一下啵棒好人。

無國界
露天瘋大院

我們一如往常地搭便車前往目的地，但這次的目標不是一個地址，而是整片森林。

穿戴整齊的牧師載我們最後一程，停在岔路口猶疑。明明很接近了，卻不曉得該往哪走。有群吉普賽風格的年輕人走來，我們開窗詢問，年輕人表情愉快地搭上窗戶，還來不及回答，牧師就急著往前開，眼神抗拒，擔心他們來乞討或搶奪。

年輕人皺眉：「你們確定要去那裡嗎？」他轉身離開，留下我們望著眼前一條平坦小徑及坑疤向上斜坡兩相抉擇……牧師轉頭，眼神疑惑，忽然有臺破爛車子從斜坡開下來，車上擠滿嬉皮，我們立刻同時指向破車來的方向：「請往那裡開！」

沿著斜坡向上，通過滿山坡的露營車，開沒多久，就抵達以太陽為頂的竹編大拱門。每個出現的人都笑得燦爛，不由分說地擁抱，在我們耳邊講：「歡迎回家！」

這個「家」是口耳相傳的世界遊牧集會。每年一個月，在世界各處的森林裡舉辦，用最親近自然的方式生活，每日提供兩餐素食，費用隨喜，投在「魔法帽」裡。想參加得要找到特定網站，寫信自我介紹，得到許可後才會收到確切位置以及注意事項。

入口處的歡迎帳篷裡，人們談天、把玩樂器。一個神情放鬆的少女，臉上沾染灰燼，正煮著香料茶以及糖燉梨。

「這裡不能喝酒，我們喝茶。」她看見我們出現，跳躍過來介紹環境：「不能照相，盡量別用 3C 產品，不能使用硬性毒品，上廁所要在特定區域，以免污染水源，除此之外，就沒任何規定了。歡迎回家！要吃蘋果嗎？」

離開她後，我們選了塊視野不錯的坡地搭營，然後在森林間穿梭，經過開滿白花、鼠尾草的山丘，居住區域似乎無止境蔓延，各處都有帳篷、吊床、印第安帳篷、用茅草蓋的亭子或簡易小屋、手做圍籬、巨型木造裝置藝術，還有貨幣無用的換物市集。人們圍著小火堆唱歌，彈奏未曾見過的樂器，只要拿著杯子，到處都會被邀請留下來喝杯茶或咖啡。

一起加入瘋人院的夥伴。

營地大門。

印第安帳篷。

憤怒公牛與公雞振翅式

能一次見齊所有森林居民的時刻，就是吃飯時間。

吃飯前，會聽見從廚房傳來的吶喊：「Food circle（食物圓圈）！」在幾乎不看錶的生活中，這聲呼喊好似報時廣播，聽到的人會跟著大喊：「Food circle!」一起讓資訊像漣漪般擴散整片森林。

喊聲總共三次，第一次是召集有意願幫忙的志工。志工混雜的廚房熱鬧非凡，音樂演奏、歌舞談笑，幫忙沒多久就會有人擠來問：「需要休息了嗎？辛苦了，換我吧！」

直到第三次喊聲，大家才會悠然地往廣場漫步走來。令人眼花撩亂的穿搭，大致能分成復古精靈派、野性動物派及深山少數民族派。

復古精靈派包括穿著蕾絲雕花外套的精靈公主、戴著額頭墜飾的辮子女、彼得潘，全裸只穿精緻刻紋皮背心的亞裔男子；動物派代表有只穿豹紋緊身褲的上空野性女、頭髮狂亂的年輕金獅王、肩頭養著烏鴉的男子；少數民族派的打扮有母親用圖騰圍巾背著孩子、蒙藏女子打扮……除此之外，也有裸體男子、時裝男女、登山打扮的家庭，每個人都自在自適，邊啃著蘋果，邊以火堆為中心圍成兩個大圈。

正式開飯前眾人牽手合唱，再以放肆的動物吼叫聲表示開動。吃飯時間的有趣現象，除了大家創意無限的環保餐具：鍋子、盆子、杯子、牛奶紙盒、隨性拾起的大片樹葉、剖半的西瓜皮……之外，就是常見到人繞著圓圈走，高聲詢問有沒有人有鹽巴、醬料，他們不說：「我需要鹽巴！」而是高喊：「鹽巴連結！」（salt connection）

這個遊牧集會裡，人們如果需要什麼東西，都會在物件後加「連結」兩字。我們也有樣學樣，在找尋彼此時半開玩笑地喊：「Wang ／ Sting connection!」有天，跟永遠背著細長十字架，自稱「耶穌」的男子聊起，他跟我們解釋原因：「當你有需求，會幫助你的人，其實不是因為擁有那樣東西，而是願意與你建立連結。這也才是重要的事。」

「連結」兩字背後充滿禪意的溫度，用中文翻譯，大概是：「鹽巴，善哉、善哉。」或「捲菸紙，結緣。」

　　當食物圈子進入尾聲，有隊人馬會又唱又跳地經過每個人身邊，領頭的人拿著一頂普通帽子，也就是「魔法帽」，其他人則扔入任何東西，不論金錢、飛吻、擁抱，價值都相同。

　　餐後人們聚在中央火堆旁，用灰燼清理手及餐具，或三三兩兩提著水桶、水壺，如古代村民，前往一公里外的水源地打水。有人在各處遊戲、選定姿勢不動，也有人用樹枝畫地，跟老人進行蘇格拉底式的辯論。這也是宣傳自己工作坊的好時機，只要你想就能開課。我們隨性選擇，剛好都參與到一些荒誕的課程，例如：動態冥想。整群人在山坡上放肆鬼叫、亂跳，用憤怒的公牛融合公雞振翅的姿態，奮力吐氣宣洩身體負面能量，再用猖狂舞蹈作結。終於解開我們每日下午總是聽見一群人痛苦吼叫的疑惑。

耶穌帶我們遇見瘋子

　　我們每日跟換宿認識的美國女生凱菈（Kialah）一起散步，各種奇妙人物出場，讓這片充滿音樂的森林好不像現實世界。

　　老王指著某個看不懂的小招牌，都來不及開口討論，就有跑步的裸男經過，快速講解後直接跑走，留下我們呆在原地；歌唱祠堂中，裸男砍樹，年輕女子爬在樹頂，指揮棚架搭建，長者跟黃賽交換帽子，一戴上那個充滿毛絨球的多彩帽子，我們忍不住跳起怪舞；耶穌總是帶著「我完全明白你所受的苦，讓我來幫你分擔」的理解眼神出現，指引我們去療癒花園，卻在我們詢問前就轉身離開。

　　因為耶穌的指引，我們見到了真實的瘋子。療癒花園中央的印第安帳篷裡，有個似乎在教授草藥學的黑人，打扮神似電影《神鬼奇航》裡的傑克船長。黑人熱烈歡迎凱菈，對我倆不屑一顧。他喋喋不休，要凱菈站入火堆中央，還朝屋頂學猴子亂叫。凱菈被煙嗆到說不出話，黑人不斷自信聳肩，用饒舌歌手的態度反覆問我們什麼是水晶，在大量提示下，凱菈終於猜中他要的答案。「蹦！」黑人用手作勢槍斃自己，大喊了幾聲，直說凱菈是他少見的聰明女人，並授權我們一張破爛紙張，說是

護照，打開一看，歪扭字跡大大寫著：世界公民。

到後來，連我們自己都像是遊戲裡設定好的角色，不斷告訴路人隱密的歌唱祠堂要怎麼走。

有天我們三個停在火堆旁，看著半裸女子舞動，她在泥濘中翻滾做瑜伽，接著趴下一動也不動，裸童在她身邊奔跑，不時戳戳她。我們討論起來，就算她死了三天，大概也不會有人發現，還會紛紛讚嘆：「她冥想的功力太強了！」

「啊～好棒～這個地方讓所有人都活得這麼自我跟自在，真放鬆。」

聽見我們的想法，凱菈一臉驚奇：「什麼結論啊？這裡完全是露天瘋人院好嗎！」

我們兩個愣了一秒，開始笑得不可自持。原來「正常人」在這裡應該活得很頭痛，我們壓根兒忘記這些行為是「瘋了」！

這一年多來的經歷，讓我們好快就融入這片脫離常軌與框架的土地，對於各種奇事見怪不怪，只覺純真、自由，例如：很輕易就吃掉別人吃剩下六顆的玉米，因為知道那是贈與者在表達友好。我們常跟怪路人自然閒聊，凱菈總在旁邊看傻眼，如果沒有她一直喚起我們的理性，我們早就脫光光，跟隔壁帳篷的人一起在雨中洗澡了吧。

不過在這裡，當然也有「正常人」可以結交為友的。我們歸納出凱菈交談的「正常人」共同特質，就是能明確地告訴我們他的國籍，而不是像大多數人那樣模稜兩可，說這個問題很難定義，接著進入哲學思辨的境界，討論「我從哪裡來」。

完全平靜的所在

在這個狂亂的生活中，茶亭是絕對平靜的存在。它架設在一棵大樹旁，我們總在晚餐結束後前往，大片乾爽的茅草鋪地，中央用木柴燒著大鍋熱茶，人們圍著火光依偎而坐，寧靜等待茶燒滾。這麼中古世紀的空間，負責煮茶的長髮男卻配戴專業的頭燈，其實晚上大部分的路人都有頭燈，非常違和卻也必要。

茶燒開了，大家傳遞杯子，各種樂器緩緩加入，吉他、沙鈴、非洲鼓、土著吹管、長笛、小提琴、人聲……從即興樂曲，到大家合唱遊牧集會主題曲，只會副歌的我們也跟著唱：「在愛裡、在生命裡、在榮耀裡，我們存在～」

氣氛最沸騰的時刻，就是香料奶茶煮開的時候。因為大部分是全素食物，奶類很少使用。大家興奮喊著：「魔法茶、魔法茶！」好單純地快樂著。在煮奶茶之前，長

從遠處拍攝營地。

髮男鄭重地告訴大家下一輪要煮奶茶，純素者要注意。當有了近乎
絕對的自由時，人們也自然地互相配合，尊重他人選擇的自由。

　　幾天後，我們搭共乘車離開遊牧集會，回到當初猶
疑的岔路口，回想起那個吉普賽年輕人，他給了我們
很好的引言：「如果不打算包容，選擇以貌取人，那
你並不屬於這裡。」

　　不少人都是有穩定工作的「正常人」，說自己每
年來參加，像回家一樣，難得有個能完全放鬆與放肆
的地方。在遊牧集會裡，人們不批判，有著很單純的
世界觀，回到最簡單的生活。

　　遊牧與旅行給人獨特的歸屬感，反而最貼近心裡對家的想
像。生活沒有煩憂，規定並不存在，年紀、種族、國籍也都不重
要，剩下的只有最純粹的感受、夥伴、素食、熱茶、音樂與自然。

最終話　旅行的人不會變老

　　在希馬拉露營區換宿的時候，遇見一對我們喜愛的英國情侶：包柏和伊莎貝拉。他們充滿活力，總是忙著享受當下。早上出去跑步，中午玩牌和文字遊戲，下午去海邊看書或附近健行。

　　伊莎貝拉好容易開心大笑，欣欣地感謝任何服務，明明是花錢來度假，卻總是主動問要不要幫忙。而且他們完全不拍照！看著他們在絕美海灘旁，跟老闆丹尼爾一起處理早上才捕獲的鮮魚，背景是寬廣的藍紫色天空及金橘夕陽，我們忍不住幫他們拍了好多照片。

　　旅行中的夕陽時刻是每日重頭戲，它不是「啊，天黑了，要來吃晚餐」的時間提示，而是值得欣賞的純粹美好。只有旅行時能完全擁有時間，揮霍著，不用管是否擠壓到什麼。

　　晚上我們烤火聊天，伊莎貝拉說起她讀到拜訪世界各個長壽村的報導，長壽的祕訣除了適當飲食，有一點很有趣的是，「自我感覺值得生存」；覺得自己有價值、值得活著，喜歡生活，也喜愛與人群接觸、交換想法。因此受人敬重的村中智者，往往也比較長壽。

　　旅行時，在日常生活中就會感受到自己獨特的價值。我們說華語、在東亞的成長經歷、生活觀念⋯⋯加上逐漸累積的旅行故事。光是存在，就讓別人感到很有興趣。有次住在土耳其有名的舞臺劇導演家，聽我們說旅行的故事時，對方瞬間變成孩子般驚奇，好多小事都感到不可思議，直問：「這些你們有沒有認真記錄下來？」三十五歲就名利雙收的他，夢想著自己有天能不顧一切地去旅行。

　　以前在台灣，哪敢隨便要求想住大導演家，輕鬆下廚、坐在地上聊天，還被大力讚賞？旅行才了解，世界可以沒有比較級，自信不用來自「比較好」，大家經歷不同，人生無高低之分。

　　活著是不斷變動的，旅行本身就是一種生活方式。十八歲的妹子能到南美洲當酒保，四十歲廣告業主管離職跟我們打工換宿，六十歲的阿嬤也可以環遊世界。數字都是被規定出來的，沒有二十五歲前一定要做的三十件事，沒有三十五歲就要確定未來四十年人生的道理。

　　旅行讓人不害怕歲月流逝，旅人過著自己的日曆，旅行中的人好像不會變老。

　　重新整理寫文章，回顧曾有過的好日子，儘管出發都已經是兩年前的事了，現在爸媽仍舊津津樂道。那時老王在前往機場的車裡趕上傳期末報告檔案；黃賽的身分證在叔叔駛離的車上，上機前四十分鐘才發現，差點無法在上海轉機。

　　我們出國前想：「有一輩子的時間待在台灣，分個百分之一走出常軌，OK啦！」現在如果要重新選擇一次，我們……應該會早一點出發。

　　真的很榮幸能在這裡講故事給你們聽。這趟旅程我們能順利度過所有驚險，都要感謝黃賽阿爸派遣的天兵天將、儘管不情願還是選擇支持的父母，以及所有在空間與精神上收留過我們、被我們壓榨出時間、聽我們講話、幫我們看文字的小精靈們。感謝麥田的抬愛，感謝編輯純菁的不氣餒陪伴。

　　謝謝、謝謝、謝謝、謝謝。

　　每個人都可以獲得「伴遊搭便車服務（女扮男裝要提早預約）」無限期券。

無價鳥生活：
免開錢的歐洲交換食宿日記

文字攝影繪圖／王韵心、黃詩婷
責任編輯／余純菁
美術設計／徐小碧
國際版權／吳玲緯
行　　銷／艾青荷、蘇莞婷
業　　務／李再星、陳玫潾、陳美燕、杻幸君
主　　編／蔡錦豐
副總經理／陳瀅如
總 經 理／陳逸瑛
編輯總監／劉麗真
發 行 人／涂玉雲
出　　版／麥田出版
地址：台北市中山區 104 民生東路二段 141 號 5 樓
電話：02-2500-7696　傳真：02-2500-1966
blog：ryefield.pixnet.net/blog

發　　　行／英屬蓋曼群島商家庭傳媒股份有限公司城邦分公司
地址：台北市民生東路二段 141 號 11 樓
書虫客服服務專線：02-2500-7718・02-2500-7719
24 小時傳真服務：02-2500-1990・02-2500-1991
服務時間：週一至週五 09:30-12:00・13:30-17:00
郵撥帳號：19863813　戶名：書虫股份有限公司
讀者服務信箱 E-mail：service@readingclub.com.tw
歡迎光臨城邦讀書花園 網址：www.cite.com.tw
香港發行所／城邦（香港）出版集團有限公司
地址：香港灣仔駱克道 193 號東超商業中心 1 樓
電話：852-2508-6231　傳真：852-2578-9337
E-mail：hkcite@biznetvigator.com
馬新發行所／城邦（馬新）出版集團
【 Cite(M) Sdn. Bhd. 】
地址：41, Jalan Radin Anum,
Bandar Baru Sri Petaling,
57000 Kuala Lumpur, Malaysia.
電話：603-9057-8822　傳真：603-9057-6622
電郵：cite@cite.com.my
總 經 銷／聯合發行股份有限公司
電話：02-2917-8022　傳真：02-2915-6275

製版印刷／中原造像股份有限公司
初版一刷／2016 年 3 月

ISBN ／ 978-986-344-318-6
定價／ NT$ 330

國家圖書館出版品預行編目 (CIP) 資料

無價鳥生活：免開錢的歐洲交換食宿日記 / 王韵
心, 黃詩婷文字攝影繪圖. -- 初版. -- 臺北市：麥
田出版：家庭傳媒城邦分公司發行. 2016.03
面；　公分
ISBN 978-986-344-318-6(平裝)

1. 遊記 2. 歐洲

740.9　　　　　　　　　　　　　105000484